RÉFUTATION

DE LA DOCTRINE DE MONTESQUIEU,

SUR LA BALANCE DES POUVOIRS,

ET

APERÇUS DIVERS

SUR PLUSIEURS QUESTIONS DE DROIT PUBLIC.

DE L'IMPRIMERIE DE MADAME Vᶜ. PERRONNEAU,

QUAI DES AUGUSTINS, Nᵒ 39.

RÉFUTATION

DE LA DOCTRINE DE MONTESQUIEU,

SUR LA BALANCE DES POUVOIRS,

ET

APERÇUS DIVERS

SUR PLUSIEURS QUESTIONS DE DROIT PUBLIC;

Faisant suite à la Proposition de M. le Cte. de SAINT-ROMAN, dans la séance de la Chambre des Pairs, du 8 janvier dernier, ainsi qu'aux nouveaux Développemens postérieurement publiés.

Oculos habent et non vident : gloriantur in simulacris suis.

A PARIS,

Chez Mme. V^e. PERRONNEAU, Imprimeur-Libraire, Quai des Augustins, n°. 39.

1816.

AVERTISSEMENT.

Une maladie essuyée par l'Auteur l'a empêché de mettre la dernière main à cet Ouvrage. Il croit cependant à propos de le donner tel qu'il est au Public, sans différer davantage : les circonstances lui en font une loi. On trouvera à la suite de la Table des Matières les corrections des endroits les plus défectueux en diction, impression et ponctuation.

Les pages auxquelles ces endroits se rapportent sont marquées, suivant le nombre des fautes, d'une ou de plusieurs étoiles.

RÉFUTATION

DE LA DOCTRINE DE MONTESQUIEU

SUR LA BALANCE DES POUVOIRS

ET

APERÇUS DIVERS

SUR PLUSIEURS QUESTIONS DE DROIT PUBLIC.

Oculos habent et non vident : gloriantur in simulacris suis.

CHAPITRE PREMIER.

INTRODUCTION.

Le moment paraît favorable pour fixer les principes du droit public en France.

Si je n'étais persuadé que nous sommes parvenus à une époque où l'on peut livrer des combats décisifs aux fausses doctrines qui, depuis plus d'un demi-siècle, ont menacé de replonger le genre humain dans les violences, et, par une suite nécessaire, dans la stupidité des temps les plus barbares, je n'espérerois aucun succès pour des vérités toutes différentes de ces illusions d'orgueil et d'indépendance auxquelles nos esprits cherchent si naturellement à s'abandonner : je me contenterais de professer mes principes dans les lieux et dans les occasions où il serait de mon devoir spécial de le faire, et j'attendrais du temps et d'une expérience tardive le remède à d'inévitables malheurs. Mais cette expérience est arrivée. Appuyés sur elle, les argumens prennent une telle force, que la résistance la plus opiniâtre en est ébranlée. En vain un cours d'idées contraires, et la crainte d'apercevoir et de reconnaître qu'on s'est trompé, viennent-ils épaissir les voiles qu'on voudrait jeter au-devant d'une lumière importune; un peu de constance doit achever de les écarter, et ce serait une grande faute que de laisser ce reste de nuages prendre une nouvelle consistance, et rendre encore une fois nos destinées incertaines.

L'on ne s'étonnera donc pas que, touchant au moment où les Chambres vont avoir de nouveau à s'occuper du sort de la France, je m'efforce d'arriver, s'il est possible, à des solutions incontestables, même pour les esprits les plus prévenus. Je désire, sans que cependant cela soit indispensable, qu'on veuille bien se rappeler les principes que j'ai exposés par suite de ma proposition du 8 janvier dernier, à la Chambre des Pairs, et que j'ai étendus depuis dans de nouveaux développemens postérieurement publiés. Je continuerai à prendre le texte de mes observations dans les objections qu'on m'a faites, et particulièrement dans un journal dont les rédacteurs, quoique d'un avis différent du mien, me semblent avoir reconnu que la doctrine que je professe est digne de quelque attention. (1).

Je ne cacherai pas à mes nombreux adversaires que, poursuivant toujours de vrais romans en politique et en législation, ils rendent de mauvais services à l'humanité en la retenant, sans toutefois le vouloir, dans les régions de l'erreur. Je persiste donc dans mes réfutations ; et, reprenant une attaque que d'autres occupations avaient interrompue, je viens, dans un troisième écrit, révéler au public des réflexions que, je n'en saurais douter, il a déjà faites de lui-même, mais dont il ne s'est peut-être pas rendu compte d'une manière positive. Cette discussion nous conduira, d'ailleurs, à des aperçus politiques dont je n'avais pas encore parlé ; et cette fois j'ai lieu de penser

____

(1) Ce journal est *le Constitutionnel;* il a employé deux articles dans ses feuilles du 22 mai et du 9 juin, pour répondre à mon dernier écrit.

que mon sujet étant presque épuisé, mes lecteurs n'auront plus qu'à prononcer leur jugement, sans qu'il soit besoin désormais de plaidoyers ultérieurs.

CHAPITRE II.

Si l'ordre physique ne connaît que les espèces, l'ordre moral ne peut connaître que les individus.

J'ai lu quelque part, dans Buffon, ou dans Rivarol, si ma mémoire n'est pas infidèle, que la nature, remplie d'une scrupuleuse attention pour le maintien de l'ordre physique, avait pris soin de le perpétuer par des générations successives d'êtres organisés; que les espèces étaient tout à ses yeux, mais que les individus paraissaient n'être comptés pour rien, et qu'elle les abandonnait sans affection aux torrens d'une destruction inévitable. Cette marche, excellente pour la conservation du spectacle de l'univers terrestre, est précisément le contraire de ce qu'exige l'ordre moral. Ici les individus sont tout, et les espèces ne sont plus qu'une pure abstraction, propre seulement à manifester l'étendue des conceptions de celui qui les embrasse toutes d'un seul de ses regards. Qu'importe, en effet, la sublimité des calculs; qu'importe ce concert inaltérable dans le cours des corps célestes, et cette prévoyance admirable qui ne cesse de procréer sur notre globe d'innombrables habitans? Tous ces rouages, et ce grand piédestal, pour ainsi dire, sont-ils autre chose, pour la race humaine, que des moyens de donner la vie, le mouvement et la demeure à des êtres sensibles, intelligens, et capables de discerner la justice et l'iniquité? Et dès que ces êtres, quelles que soient leur droiture et leur vertus, doivent vivre dans la douleur et périr dans l'infortune, chacun d'eux n'a-t-il pas le droit de s'élever contre des lois si cruelles, et de crier vers le ciel pour en obtenir une destinée complémentaire et réparatrice? Aussi le cœur et la raison de l'homme ne cesseront-ils de reconnaître un jugement et un avenir au-delà du tombeau, et les puissances des ténèbres et de l'impiété ne prévaudront-elles dans aucun temps contre ces éternelles et consolantes vérités.

CHAPITRE III.

La Législation n'est bonne qu'autant qu'elle assure le bonheur des individus. Les Gouvernemens les plus populaires ou les plus compliqués sont ceux où il existe le moins de liberté.

LES mêmes pensées de la nécessité d'une justice distributive et d'un bien-être individuellement assuré pour quiconque ne s'écarte pas de la ligne du devoir, s'appliquent avec la même exactitude à la législation des hommes, et ce seraient des éloges bien peu mérités que ceux qu'on donnerait à de savantes combinaisons qui ne s'occuperaient que du jeu et des effets des masses, et qui, définitivement, ne conduiraient chaque citoyen qu'à des privations plus fréquentes, qu'à une obéissance plus répétée, et qu'à des sacrifices plus rigoureux que n'en imposent les gouvernemens ordinaires Or, tel est à peu près le résultat où mènent toutes les théories, ou de pur républicanisme, ou de contrebalancemens sans prépondérance finale dont le dernier siècle

a été si prodigue. La raison en est évidente :
Ces théories, ou ne respirent que le désordre, ou
vont chercher leur base dans des disssensions
systématiquément combinées. Nul peuple cependant ne saurait subsister au milieu de partis
toujours aux prises, et de voies de fait non interrompues. Pour prévenir de semblables malheurs,
dont on est sans cesse menacé sous ces gouvernemens orageux, il faut ne pas abandonner les
citoyens à eux-mêmes un seul instant, mais
épier leurs moindres démarches, dicter leur conduite pour toutes les heures du jour, les investir
de règlemens, et, par des lois rigides et des
exemples sévères, imprimer aux mutins une terreur salutaire, pour les réduire à la soumission
et au respect envers l'ordre établi. Car, ne perdons
jamais de vue ce que j'ai pris soin de répéter bien
des fois dans mon premier écrit, que lorsque des
hommes se trouvent dans un même lieu ou dans
un même pays, ils ne peuvent tirer avantage de
leurs forces qu'autant qu'elles sont réunies et diri-
gées vers le même but et vers les mêmes entreprises, et que le seul moyen d'opérer et de maintenir cet ensemble et cette unité est la soumission des subordonnés.

CHAPITRE IV.

Continuation du même sujet. On obéit en Angleterre comme partout ailleurs. Liberté politique.

Mes adversaires évitent en vain d'aborder les questions décisives ; je les y ramènerai sans cesse. L'*obéissance* est un mot bien dur, bien acerbe, sans doute, mais l'idée que ce mot renferme, quelque pénible qu'elle soit, est une de celles qu'il faut savoir supporter : car la nature nous commande impérieusement d'apprendre à envisager avec calme et patience ce que nous ne saurions éviter, et partout nous trouverons, presque à tous les instans, la triste nécessité d'obéir.

Je ne rappellerai pas ce que j'ai dit ailleurs, qu'il n'est pas jusqu'à la pure démocratie où le grand nombre ne soit exclu des délibérations publiques, et réduit à une obéissance passive. Je me contenterai de faire remarquer, parce que je ne l'ai pas encore dit, ce me semble, que, même parmi les têtes délibérantes, nul ne fait son

entière volonté. Il faudrait en effet ne pas connaître les assemblées publiques, pour ignórer
que chacun, même dans la majorité, est obligé
de sacrifier à tout moment des points très-essen-
tiels de ses opinions; qu'il n'a pas d'autre manière de concourir à former des résolutions qui
ne sont qu'en partie les siennes, et que ces résolutions une fois prises, dût-on finir par concevoir la plus grande aversion pour elles, n'en imposent pas moins la stricte obligation de s'y conformer. En vain, pour échapper aux argumens
d'une volonté gênée et contrainte, même lorsqu'on appartient à la majorité, alléguerait-on
de ces déterminations d'enthousiasme qui, quelquefois, semblent être l'effet d'un mouvement
général et spontané dans les réunions populaires. Ces mouvemens, répondrai-je, n'ont jamais lieu que lorsque les passions sont violem-
ment agitées; et si l'obéissance alors perd quelque chose dans le nombre de ceux auxquels elle
s'étend, et qui doivent se soumettre à ce qu'ils
n'approuvent pas, elle en trouve une bien cruelle
compensation dans l'excès d'oppression qu'elle
fait éprouver aux malheureux qui voient régler
leur sort dans ces épouvantables tumultes, et
qui ne tardent pas à connaître ce que c'est que
de vivre sous un régime où les citoyens ne sont
que trop souvent tout à la fois législateurs, archers et bourreaux.

J'ai choisi de préférence dans mes autres écrits, et je choisis encore la démocratie, pour faire sentir que l'obéissance et ses peines se trouvent partout où des hommes doivent marcher de concert, parce que c'est le régime qui permet de se faire le plus d'illusion à cet égard. Que serait-ce si, sortant de ce gouvernement impraticable ailleurs que dans quelques faibles bourgades, je parcourais toutes ces institutions de nos jours, qui n'ont jamais abouti qu'au plus épouvantable esclavage? Mais c'est une matière que j'ai déjà traitée avec trop d'étendue pour que j'essaie d'y revenir, et je me bornerai à prendre aujourd'hui mes exemples dans la seule Angleterre, pays où nos réformateurs espèrent encore trouver quelques dernières ressources pour maintenir des doctrines qui tendent à leur fin, et qui sont généralement appréciées à leur juste valeur.

Quel homme assez peu instruit des lois et des mœurs des différentes nations de l'Europe ne sait pas que le parlement britannique peut arbitrairement tout faire et tout ordonner, et que, suivant une expression énergique que la délicatesse française ne permet pas de traduire, il ne connaît que les impossibilités physiques pour limites de son pouvoir? Quel esprit pourrait être assez prévenu pour oser soutenir que le peuple anglais n'obéit pas ; que, lorsqu'il s'écarte de la subordination, il n'y est pas ramené par des châtimens rigoureux, et que, tandis que dans certains pays réputés despotiques la peine de mort était presque inconnue ; dans cette île fameuse, au contraire, des piliers patibulaires, en attestant par leur nombre la multitude des désordres, n'attestaient en même temps la sévérité des répressions ? Aussi la liberté des individus (et d'après ce qui précède on voit assez qu'il m'est difficile d'en reconnaître d'autre), aussi cette liberté, dis-je, est-elle un point sur lequel on insiste généralement assez peu lorsque l'on parle de l'Angleterre ; on sait trop que le peuple y est traité sans beaucoup de ménagemens, et, pour ne pas même parler de ces déportations multipliées qui ont succédé à la profusion des supplices, je me contenterai de faire observer que les presses de matelots, et tant d'autres institutions de police et de fiscalité prouvent à quel point ce peuple si fier est façonné au joug, et patient à la voix du commandement.

Mais, habiles à nous tromper nous-mêmes, nous nous hâtons, lorsque nous parlons de cette nation célèbre, de faire abstraction de ce bien si précieux, de cette liberté individuelle qui, autant que la morale et la société humaine peuvent le comporter, laisse chacun maître de ses actions et de ses volontés; et nous lui substituons une autre idée, qu'à la vérité nous ne savons pas définir bien exactement, mais qui nous éblouit par le nom même dont nous la décorons. Ce mot que, suivant moi, l'on devrait ranger parmi ces expressions techniques employées par la prétention et le pédantisme bien plus fréquemment que par le savoir, est la *liberté politique.*

CHAPITRE V.

Impossibilité de bien comprendre ce que c'est que la Liberté politique. Conséquence absurde de sa définition.

J'ose affirmer que cette liberté est vide de sens dans l'esprit de la plupart des personnes qui en parlent; et moi-même, quoique j'aie fait une étude assez particulière des interprétations qu'on lui donne, je n'assure pas sans quelque hésitation, que la plus universellement adoptée consiste à regarder cette même liberté comme un droit de voter dans les délibérations publiques, ou du moins de faire compter activement sa voix dans l'élection de quelques-uns des membres d'un corps faisant partie de la législature et usurpant, chez quelques peuples, le titre mensonger d'assemblée représentative.

Mais je demande avec instance qu'on veuille bien s'expliquer de bonne foi. Supposons que, par suite de dispositions arrêtées dans le parlement d'Angleterre, quelque délinquant soit condamné au dernier supplice pour les avoir enfreintes ; ne sera-ce pas s'épuiser en paroles inutiles, que de lui faire observer qu'en marchant à la mort, il ne fait autre chose que consommer un acte émané de lui par les élections auxquelles ses votes auront précédemment contribué dans les assemblées de Middelsex ou de Westminster; et si l'on pousse le raisonnement jusqu'à vouloir lui prouver que, sous un certain point de vue, il va librement se suspendre lui-même au poteau fatal, ne suis-je pas fondé à prétendre qu'il n'écoutera pas sans impatience ces pauvretés systématiques, ou du moins qu'il n'en retirera que peu de consolation, et qu'il se trouvera très-mal représenté par les membres du parlement, si ceux-ci ne révoquent à l'instant la loi qu'ils ont portée, n'annullent la sentence de mort, ou plutôt n'accourent l'épée à la main pour le délivrer de sa triste position. Tant il est vrai que, lorsqu'on s'abandonne à des principes défectueux ou mal éclaircis , on peut être mené aux plus absurdes conséquences.

CHAPITRE VI.

Maxime erronée de Montesquieu. Le pouvoir est enclin à la bienveillance; le bien est dans sa nature , le mal n'est qu'une exception.

Mais quoi, me dira-t-on, les avantages que l'Angleterre croit retirer de sa constitution, ne sont-ils, suivant vous, que de pures illusions? et prétendez-vous que les Anglais doivent se hâter de détruire, comme une superfluité vicieuse, l'édifice politique qu'ils ont mis tant d'années à construire, et qu'ils ont cimenté de leur sang dans un si grand nombre de querelles et de catastrophes publiques? non, sans doute, je ne le prétends pas; mais ces avantages, n'ayant que des rapports éloignés et très-incertains avec la liberté réelle des citoyens, amènent souvent avec eux un régime tout réglementaire, très-nuisible à cette liberté, ainsi que plus haut j'en ai fait la remarque; et, lorsqu'on ne les envisage pas sous leur vrai point de vue, ils peuvent devenir la source des plus grands malheurs. Je dois entrer ici dans des discussions étendues; je ne me dissimule pas que je cours le risque d'être fort peu d'accord avec le célèbre Montesquieu, qui, de son côté, est entré dans de grands détails sur ce même objet. Mais, quelque redoutable que soit un tel adversaire, la vérité est encore plus forte que lui, et je crois n'avoir besoin, pour le combattre et pour éclaircir entièrement le sujet, que de m'emparer de deux ou trois propositions dont il fait la base de ses raisonnemens, et qui, pendant long-temps, n'ont que trop prévalu parmi des esprits naturellement portés à murmurer contre leur sort, et à se livrer avidement aux innovations les plus irréfléchies et les plus dangereuses.

Montesquieu, pour préliminaire de ce qu'il se propose de dire sur le gouvernement d'Angleterre, commence par poser la maxime suivante :

« C'est une expérience éternelle, que tout « homme qui a du pouvoir est porté à en abuser, « il va jusqu'à ce qu'il trouve des limites. » *Esprit des Lois*, liv. 11, chap. 5.

Moi, avec les lumières de la simple raison, je commence par n'admettre qu'avec de grandes modifications la première partie de cette maxime; et je m'étonne à juste titre que, dans une monarchie, un magistrat ait osé émettre avec aussi peu de ménagement une proposition si mal sonnante si propre à présenter sous un jour odieux l'autorité souveraine que son devoir lui ordonnait de faire respecter et chérir, et enfin si remplie de révolutions sinistres qui, malheureusement, n'ont pas tardé à étendre leurs ravages sur toute la surface du globe.

En thèse générale, il est faux que de lui-même, et comme par une pente naturelle, le pouvoir se porte aux excès et à l'oppression. Le faible peut être soupçonneux et fourbe, et devenir vindicatif et cruel, mais l'être fort est au-dessus de cette région de sentimens avilissans, qui ne naissent d'ordinaire que de la contrainte et de la peur Le cœur se livre aux impressions douces et bienfaisantes, lorsqu'on n'a rien à combattre et rien à redouter, et, pour tout dire en un seul mot, la bonté de Dieu n'est fondée que sur sa toute-puissance.

Il est vrai que certaines passions de l'homme l'empêchent bien souvent de répandre le bonheur autour de lui. On ne voit, par exemple, que trop de princes qui, s'abandonnant à des mœurs déréglées, font sentir le poids des injustices à ceux de leurs sujets qui s'opposent à leurs désirs; mais il ne faut pas s'exagérer le nombre des malheurs qui proviennent de cette source; rarement ils dépassent les limites des cours; et, s'il appartient à quelqu'un de les faire remarquer avec une sorte d'amertume, c'est à moi, qui ne crois pas qu'on

doive, dans aucune circonstance, perdre de vue la
cause des individus, bien plutôt qu'aux partisans
des systêmes populaires, qui se font une loi de ne
jamais envisager que la prospérité des masses. Un
autre reproche que le pouvoir des rois peut fréquemment encourir, est d'user de condescendance
et de prodigalité envers des courtisans peu dignes
de leurs faveurs. Mais ce mal, dont cette fois, j'en
conviens, les conséquences pèsent sur la généralité
des citoyens, a cependant ses bornes; et, si le scandale atteint un certain degré, il est presque impossible que les murmures ne rétablissent pas sous
peu de temps un ordre de choses plus désirable.
Enfin l'amour d'une vaine gloire, le faste intérieur,
les guerres de domination peuvent devenir des
fléaux d'autant plus dangereux, que le vulgaire les
encourage par son admiration; mais ce n'est pas
seulement sous l'empire des rois qu'ils exercent
leurs ravages, et le culte rendu à ces hommes inquiets et audacieux qui sont nés pour le malheur
et la ruine de leurs semblables, et qu'on est convenu d'aduler bassement sous les noms sublimes
de génies créateurs et de héros immortels; ce
culte, dis-je, s'exerce avec bien plus de fureur et
de continuité dans les emportemens qui font l'essence des républiques, que dans le cours ordonné
et paisible des monarchies légitimes.

Ainsi donc, quels que soient les inconvéniens

attachés au pouvoir du prince, car c'est de celui-
là que parle Montesquieu dans le passage que j'ai
cité, ce n'était pas un motif suffisant pour ne pas
en faire sentir les immenses avantages. Je conçois,
sans doute, que ce célèbre publiciste ait été conduit à chercher le remède à des maux qui de
temps à autre se reproduisent sous le gouvernement d'un seul : ils m'ont paru à moi même d'une
nature assez grave pour rendre indispensable l'existence de corps intermédiaires chargés au moins
d'imprimer aux volontés des rois le sceau des réflexions les plus mûres. C'est ce que j'ai formellement établi dans les premiers développemens
de ma proposition du 18 janvier dernier. Mais
cette nécessité de remédier à des déviations nuisibles, et quelquefois même calamiteuses, n'auto-
risait pas Montesquieu à s'abandonner à la moro-
sité d'un siècle murmurateur, à ne découvrir à des
lecteurs superficiels que le côté du mal sans leur
montrer le bien pour principe, et à ne laisser induire que vexation et tyrannie, où règnent essentiellement protection et bienveillance.

CHAPITRE VII.

Il est faux que les Rois veuillent toujours porter leur pouvoir aux dernières limites. L'indolence fait d'ordinaire le fond de leur caractère. Les princes entreprenans sont en petit nombre. Le pouvoir disputé est le seul qui cherche nécessairement à s'accroître.

Je ne crains pas de me tromper en attribuant à Montesquieu des préventions que non-seulement il puisait, si j'en juge bien, dans la manière dont l'histoire était lue de son temps, et dont elle l'est encore généralement dans le nôtre, mais que peut être il nourrissait encore, sans le savoir, dans les nobles fonctions qui l'obligeaient par devoir à scruter les fautes des rois et des ministres. Du moins il m'a semblé que, dès que les princes, ne fût-ce qu'un seul instant, voulaient dépasser certaines démarcations qui, d'après lui, devaient circonscrire leur autorité, ils se convertissaient dans sa pensée en despotes intraitables, et qu'à ses yeux, en un mot, l'abus du pouvoir était de chercher à en reculer les bornes. C'est ce qu'on pourrait inférer de la maxime que j'ai extraite plus haut, et dans laquelle, sans spécifier quelle sorte d'abus tout homme qui a du pouvoir est enclin à en faire, il ajoute ces mots : « Il va toujours jusqu'à ce qu'il « trouve des limites. »

Je soutiens hautement que, ce dernier membre de phrase n'exige pas moins de modifications que le premier.

Je l'ai dit dans mes seconds développemens, lorsqu'un monarque est assis sur le trône de ses pères, que personne ne songe à lui disputer sa couronne, et que l'annonce de commotions funestes ne vient pas à chaque instant lui montrer la nécessité de maintenir et de faire prévaloir son autorité, loin d'avoir toujours le bras tendu et l'esprit en alarmes, il s'endort volontiers dans l'indolence innée chez tous les hommes, lorsque des circons- tances violentes ne les obligent pas d'en sortir : il se garde d'entreprendre de tout décider par lui-même dans l'immensité des affaires particulières ; les règles générales viennent à son secours, les admi- nistrations s'introduisent ; et le malheur qui me- nace alors la chose publique, n'est pas, comme le dit Montesquieu, l'exercice d'un pouvoir qui n'as- pire qu'à se porter aux dernières limites, mais au contraire une translation d'autorité dans des mains moins intéressées que ne l'est le prince à la félicité des peuples. Voilà, on peut le dire, l'état de choses le plus habituel, et, si de temps à autre, il s'élève un de ces princes épris de grandeur et avides de gloire, dont je parlais il y a peu d'instans, et qui, je l'avoue, doivent chercher à étendre leur pouvoir pour arriver sans résistance à l'éxécution de desseins flatteurs pour l'orgueil, mais onéreux pour les peuples, ce Roi trouvera presque toujours dans les institutions formées et consolidées sous le gouvernement de ses prédécesseurs, des obstacles à l'impétuosité de ses volontés et des retards à l'irréfléxion de ses entreprises. Ne craignons pas de le dire, le règne d'un tel prince, quoique je l'aie considéré comme un malheur public, peut devenir quelquefois un bienfait de la Providence, et l'histoire offre sans doute plus d'un exemple où, si des rois entreprenans et impérieux n'étaient venus raffermir des ressorts faciles à se relâcher, le pouvoir, méprisé et envahi de toutes parts, eût laissé l'État expirer dans des désordres irréparables.

Ainsi, au lieu d'avoir à craindre une marche ferme, et tendant avec constance à l'asservissement des peuples, c'est une marche tout opposée qu'on doit le plus souvent redouter. Il n'est pas, je l'avance sans hésiter, un seul empire que cette tendance au relâchement et que la timidité ne fît promptement disparaître, si l'auteur de la nature n'avait placé le remède à

côté du mal, et si la guérison ne s'opérait ordinairement par les mêmes voies qui ont amené
le danger. Je ne parle plus ici de ces princes
altiers qui, nourrissant de vastes projets, veulent trouver avant tout des sujets soumis, et rétablir l'obéissance, si elle a été perdue. Ce serait
un bonheur qui, venons-nous de dire, ne serait
pas impossible, mais que l'on devrait regarder
comme purement fortuit, si, au moment même
où un état touche à sa ruine par le délaissement
du pouvoir que les souverains ont indolemment
abandonné, un roi de ce caractère venait à
monter sur le trône, et à réintégrer la force et
l'unité presque entièrement disparues. Mais le
cours ordinaire des choses est tel qu'ici bas tout a
ses bornes, même la faiblesse des rois; et si, après
de longues condescendances, ce qu'ils ont résolu
pour le bien de leurs peuples et pour la sage
direction des affaires publiques vient à essuyer
des oppositions malveillantes; s'ils s'aperçoivent
qu'on leur conteste leur autorité, et que des
maîtres subalternes vont les réduire en servitude,
alors leur ame commence à s'indigner, ils repoussent le joug, et cherchent enfin à jouir,
dans toute son indépendance, de la puissance
que l'honneur, le devoir et la sécurité leur com-
mandent de conserver inaltérable.

Il s'ensuit donc que le pouvoir paisible et

sans concurrence n'est pas celui qui s'occupe infatigablement de l'extension de ses droits, et qui cherche à s'établir au-dessus de toute forme, de toute règle et de tout partage dans l'exercice de la souveraineté. Mais c'est *le pouvoir disputé* qui devient jaloux et inflexible; et. c'est à lui seul qu'appartient la maxime posée par Montesquieu d'une manière si générale : « Le pou-« voir va toujours jusqu'à ce qu'il trouve des « limites. »

CHAPITRE VIII.

Erreur et conséquence funeste du principe que la nécessité de marcher établit le concert entre des pouvoirs rivaux. Allégorie.

MAINTENANT quel remède trouve-t-il à cette soif d'autorité, d'oppression et d'envahissement qu'il attribue si outrageusement et d'une manière si peu judicieuse à l'autorité souveraine ? Le voici.

« Pour qu'on ne puisse abuser du pouvoir, il « faut que, par la disposition des choses, le

« pouvoir arrête le pouvoir. » *Esprit des Lois,* liv. 11. chap. 4.

On le voit, il ne s'agit pas ici d'institutions qui obligent les volontés du monarque à subir l'épreuve des retards et des discussions; il n'est pas même question de ces oppositions et de ces résistances que ces mêmes volontés peuvent rencontrer de la part de pouvoirs secondaires, et que, dans les premiers développemens de ma proposition du 18 janvier dernier, j'ai admises comme n'étant point un mal irrémédiable, et comme offrant, au contraire, plusieurs côtés avantageux, pourvu toutefois que, dans les temps de crise, le prince puisse se mettre au-dessus de tous les obstacles, et, s'il le fallait, recourir momentanément à des mesures arbitraires et absolues. Ce dont il s'agit, c'est de pouvoirs égaux entre eux, et dans l'indépendance la plus entière des uns envers les autres.

Montesquieu n'a pas ignoré les rivalités et les combats qui devaient s'établir entre des pouvoirs s'arrêtant ainsi mutuellement dans leurs volontés, et il a reconnu formellement qu'un tel état de choses tendait de toute nécessisé à introduire la plus grande stagnation dans les affaires publiques.

« Ces trois puissances » (les deux Chambres d'une part, qu'il représente comme deux frac-

tions de la puissance législative, et de l'autre
le prince, qu'il qualifie de puissance exécutrice,
et qu'il réduit, quant à la législation, à la faculté d'opposer un simple *veto* aux volontés
des deux autres pouvoirs); « ces trois puissan-
« ces, » dit-il, « devraient former un repos ou une
« inaction. »

« Mais, » ajoute-t-il incontinent, avec la même
confiance que s'il eût trouvé une raison péremptoire contre une aussi grande difficulté, « comme,
« par le mouvement nécessaire des choses, elles
« sont contraintes d'aller, elles seront forcées
« d'aller de concert. » *Esprit des Lois*, liv. 11.
chap. 6.

Pour rendre palpables les défectuosités de cette
réponse à l'objection qu'il s'était faite lui-même,
je me suis servi quelquefois de réflexions imitées
de l'apologue de Ménénius sur le mont Aventin.
Qu'il me soit permis de les répéter ici; j'aurai
ensuite un assez grand nombre d'autres considérations à y ajouter pour faire sentir victorieusement, j'ose le dire, à quoi il faut définitivement s'en tenir sur toute cette prétendue dé-
couverte des contrepoids, dont on a fait tant de
bruit, et dont les essais devaient être si funestes
à l'humanité.

Montesquieu, qui s'était aperçu que la stagnation et les rivalités étaient contradictoires avec l'unité de résolutions et d'exécution sans laquelle les peuples ne sont plus que des masses incohérentes vouées à la destruction, aurait pu, sans beaucoup de peine, remarquer dans la nature une image de différens pouvoirs mus dans un même sentiment qui les fait tous agir avec un accord inaltérable.

Cette image se trouve dans l'organisation des animaux, et particulièrement dans la structure du corps de l'homme : assurément le pouvoir des mains qui saisisssent, est très-différent de celui des pieds, qui soutiennent et qui marchent ; j'ajouterai même que, jusqu'à un certain point, on peut considérer les membres de notre corps comme doués de volontés particulières. Si je fuis devant mon ennemi, la lassitude ne se fait pas sentir dans mes bras ; c'est la région inférieure qui, froissée, meurtrie et livrée aux contractions les plus violentes, souffre cruellement et n'aspire qu'au repos. Mais ce repos est trop dangereux pour que le régulateur suprême le concède. Ce régulateur c'est la tête, où vient aboutir tout le système nerveux, et ces nerfs, dont la fonction est de faire parvenir au chef les besoins, les douleurs et les désirs des parties les plus éloignées, et de reporter jusqu'aux

dernières extrémités des ordres ausssi modérés qu'il se puisse, mais cependant indispensables ; cés nerfs, dis - je, me semblent pouvoir être comparés, avec quelque justesse, à
ces assemblées intermédiaires chargées d'exprimer au monarque les souffrances et les vœux
de leurs sujets, et de ramener au milieu du
peuple le respect pour l'obéissance, l'allégement du poids qu'elle impose, et la conviction
de sa nécessité. Mais, je prie instamment de
le remarquer, quoique tous ces pouvoirs et
toutes ces facultés qu'exercent les membres et
les organes du corps humain, soient distincts,
ils ne sont pas indépendans, ils ne sont pas
rivaux, ils ne sont pas rassemblés pour se nuire
entre eux, et pour se flatter chacun en particulier d'une existence prédominante par l'affaiblissement des autres ; le créateur ne leur a
pas laissé concevoir la pensée de profiter des
circonstances, même les plus périlleuses, pour
arracher de nuisibles concessions, et pour faire
acheter leur concours ; et, après leur avoir
assigné leurs différentes destinations, il ne les
a pas divisés de prétentions et d'intéréts, et il ne
s'est pas rassuré sur une nécessité d'agir qui les
ferait aller de concert.

Poursuivons notre allégorie, et voyons où,

dans le cours invincible des choses , nous con-
duirait cette nécessité.

Je suppose toujours le corps humain composé
de différentes parties ayant toutes des pouvoirs
et mêmes des volontés , mais sans que cette fois
la tête ait le droit de les soumettre à ses décisions,
et je place ce corps en quelque sorte multiple au
haut d'uu édifice où il sera parvenu par les combinaisons de l'intelligence et par le travail des
membres inférieurs parmi lesquels les pieds se
distinguent comme les plus essentiels à la marche de l'homme , et en même temps comme les
plus foulés , et , par une conséquence, très-natu-
relle , comme les plus grands murmurateurs. Le
feu prend à l'édifice , la tête veut qu'on gagne
les degrés et qu'on prenne le seul chemin que la
raison indique pour se soustraire au danger dont
on est environné. Mais les pieds préfèrent le
vague des airs , comme la voie la plus prompte
et la moins pénible , et ils reconnaissent avec
plaisir que l'incendie s'accroît de toutes parts ,
et que l'urgence du péril est près de forcer leur
antagoniste à s'abandonner à leur téméraire et
trop ignorante volonté : en effet après, de longs
débats et une immobilité désespérante , la tête,
voyant l'impossibilité de vaincre le délire qui lui
oppose une si fatale résistance, et n'ayant plus

d'autre moyen d'échapper à la destruction, se détermine à tenter les chances d'une chûte qui ne lui présente pas une perte certaine ; mais la tête les membres et le corps fracassés apprennent aux esprits aveugles et présomptueux ce que c'est que de marcher de concert, lorsque le chef peut se voir contraint de céder aux passions des subordonnés.

CHAPITRE IX.

Suite de l'allégorie. Les différends ne se terminent jamais sans que quelqu'un emporte la balance. Les rois insensibles au malheur de leurs sujets, craignent leurs mécontemens. Nécessité d'une volonté et d'une puissance prédominante dans le corps politique.

Cette allégorie est, j'ose l'affirmer, extrêmement près de l'exacte vérité. On l'a dit depuis long-temps, la société politique est comme un corps organisé dont les parties, sans être, il est vrai, attachées les unes aux autres par des liens de chair et d'os, se tiennent cependant entre elles par des liens moraux dont la force est souvent très-grande. Mais, sans chef nul corps ne peut se mouvoir avec ensemble et discernement, et une vérité non moins certaine, qu'on peut faire découler de la contestation que je viens de supposer entre les pieds et la tête, est *la nécessité que lorsqu'il s'élève des différends entre les hommes, quelqu'un emporte la balance;* ensorte qu'imaginer des états sans prépondérance définitive dans l'un ou l'autre des pouvoirs qui les régissent, et que supposer chacun d'eux se réunissant dans un commun avis avec une égale volonté, c'est se figurer ce qui ne sauroit être ; c'est insister sur l'existence de l'impossibilité même ; c'est tomber dans la plus fausse et la plus insoutenable chimère.

J'ajoute qu'au monarque appartient de jouir de cette prépondérance dans une monarchie, sans quoi l'on se trouve transporté sous un faux nom dans le gouvernement de plusieurs ou du plus grand nombre, et je ne pense pas que les cruelles épreuves que nous avons faites de la démocratie, et que notre peu de propension pour l'aristocratie, nous permettent d'envisager d'un œil tranquille la supériorité de l'une de ces deux autorités, sur celle dont nos rois furent toujours investis, qui nous éleva successivement à un si haut degré de puissance, et qui rendait notre France si paisible et si florissante.

N'oublions pas cependant que je n'entends pas
dire que la prépondérance de l'autorité royale
doive être dans une action continuélle. Nous
voyons souvent que notre intelligence, lorsqu'elle a pourvu à la sûreté de notre corps,
laisse nos organes s'abandonner aux jouissances
et quelquefois aux écarts qui leur sont propres,
sans les tenir dans une obéissance toujours sévère et toujours attentive; mais, au moindre
danger, tout rentre dans la subordination, et
chacun se tient prêt à exécuter la volonté souveraine qui d'un moment à l'autre peut lui parvenir. Qu'on veuille bien repasser ma doctrine
dans mes précédents écrits, et l'on verra si j'ai
entendu porter plus loin l'action du pouvoir
royal dans le corps politique, et si, au contraire,
ce n'est pás à la dernière extrémité que je lui fais
reprendre, pour quelques momens seulement,
cette transcendance de volonté à laquelle rien ne
doit plus résister, parce la que société même est
menacée dans son existence, et qu'avant tout le
devoir du prince est de la préserver de sa ruine
et de sa destruction.

Je ne doute pas que, lassé de ma persévérance
à présenter une allégorie peu d'accord avec les
maximes de nos publicistes modernes, on ne me
fasse l'observation que, par l'organisation du
corps humain, le principe régulateur éprouve

lui-même le malaise et les douleurs des parties les plus éloignées, et que, malgré cette identité d'être, on voit l'homme, pour se procurer des jouissances momentanées, abuser de ses organes et risquer de les détruire et soi-même avec eux. Or un roi, quelque sensible qu'on le suppose aux malheurs des autres, est loin de ressentir les souffrances de ses sujets comme il sentirait les siennes; en un mot, ses sujets ne sont pas sa propre personne. Qui pourra donc leur garantir que le prince ne les rendra pas les misérables instrumens de ses caprices et de ses passions, lorsque nous-mêmes nous nous rendons si souvent victimes de nos excès ?

Qui pourra le leur garantir, répondrai-je ? La loi de la nature, qui accumule les avertissemens, les difficultés et les punitions, lorsqu'on s'écarte du vrai chemin : même au physique, nos nerfs se contractent, le désordre s'établit dans tout notre être, et l'obéissance se trouble, lorsque nous voulons entreprendre au-delà de nos forces. Cependant, il faut l'avouer, la subordination est si grande dans le corps humain, que personne, lorsqu'il est tenté de mésuser de ses facultés, ne s'arrête à la pensée que ses intentions peuvent être méconnues et ses ordres violés ; mais il en est tout autrement des Etats. Les monarques les plus altiers redoutent les haines, les soulèvemens et les vengeances dès qu'ils s'abandonnent aux oppressions et aux iniquités. Voilà le frein qui supplée dans leurs ames à ce tendre intérêt que les bons rois portent à leurs peuples. D'ailleurs, je ne cesse de rappeler qu'il est de la plus grande utilité, que les princes soient entourés de conseils qui impriment à leurs résolutions le sceau de l'examen et de la méditation ; et, je le rappelle avec une sorte d'opiniâtreté, parce que mes adversaires semblent ne pas connaître la puissance de ces conseils contre les entreprises injustes. Je fais plus, j'ai mentionné presque à toutes les pages de mes écrits, je viens de mentionner encore au précédent chapitre, et j'admets comme présentant de grands avantages l'existence d'autorités intermédiaires qui, s'il en est besoin, s'opposent aux volontés des rois, pourvu toutefois qu'elles s'arrêtent à de certaines limites, et que cette opposition n'aille pas jusqu'à la désorganisation du corps social. Alors, j'ose le demander, quelles seront les préventions assez fortes pour me contester que le défaut d'identité d'être entre le monarque et ses sujets, qui l'empêche de ressentir dans sa propre personne leurs besoins et leurs peines, ne soit suffisamment compensé par les lenteurs et les obstacles qu'éprouve l'obéissance dans les choses et dans les institutions, tandis qu'au contraire nos membres et nos muscles défèrent à nos volontés avec une promptitude et une ponctualité souvent nuisibles à la réflexion? Quel esprit ombrageux se refusera à d'aussi puissantes considérations, et aux restrictions que j'apporte moi-même à l'étendue de mes principes, parce que la vérité me semble l'exiger? Et quel homme impartial enfin n'éprouvera quelque mécontentement de ces doctrines aussi absolues qu'inexactes, qui, dédaignant de prendre leurs modèles dans la nature, et, paraissant ignorer qu'au moral comme au physique, il existe presque toujours une marche commune, veulent obtenir un accord durable avec des pouvoirs incohérent, et créer un corps de société indestructible, avec tous les germes de destruction. C'est en vain qu'elles épuiseront les sophismes, ce corps périra, si, renonçant à leurs étranges contradictions, elles n'établissent en lui une puissance prédominante, douée d'unité dans ses intentions, toujours prête à agir pour la conservation de l'ensemble, et sans cesse occupée à prévenir la dissolution et la mort.

CHAPITRE X.

La puissance prédominante existe de fait en Angleterre. Majorité. Le premier soin des ministres est de s'en assurer. Il n'existe dans le parlement que des votes, et point d'opinions. Influence morale de la Chambre des Pairs. L'influence directe de cette Chambre ne peut empécher les combats de la royauté et de la démocratie : on ne gouverve pas l'Angleterre sans être sûr de la Chambre des Communes. Nullité des résistances populaires dans ce pays.

CETTE puissance coercitive, on se le dissimulerait en vain, existe de fait en Angleterre, sans paraître y exister de droit. Lorsqu'un Anglais est appelé au ministère et prend en main la direction de l'état, le premier et le principal objet de sa sollicitude est de s'assurer de la majorité dans les deux Chambres; (1) et si elle n'annonce pas.

(1) Il est reçu en Angleterre que la majorité forme une sorte d'être invariable qui, si le ministère a bien pris ses mesures, doit voter toujours dans son sens. En un mot,

devoir demeurer invariablement attachée à ses plans et à sa manière d'administrer la chose publique, alors il a recours à de nouvelles élections qu'il a préparées de longue main. Il se sert, pour les conduire suivant ses vues, des personnes qui ont le plus d'empire et de moyens pécuniaires dans les différentes classes de la société. Les pairs du royaume eux-mêmes sont les premiers à lui prêter leur inflence : car, il ne faut pas s'y tromper, la Chambre des Pairs, qui semble d'abord être uniquement destinée à opposer une barrière avancée aux entreprises de la Chambre des Communes, sans que la majesté royale ait besoin de se présenter au combat; cette Chambre, dis-je, est rarement employée à cet usage dangereux; une telle fonction ne pourrait au plus engendrer que l'inaction, tandis qu'il faut que le gouvernement marche, et que

dans ce pays on n'a point une opinion, mais un vote, quand on est au moment d'aller aux voix; et ce vote est dicté par le parti auquel on appartient, quel que soit d'ailleurs l'avis particulier qu'on peut avoir sur l'objet de la question. En réunissant à ce procédé la maxime de la toute-puissance du Parlement, on voit quelle doit être là force du ministre qui dispose de la majorité. Je doute cependant que cette manière de faire des lois, qui en général ne paraît pas très-honorable pour l'entendement humain, prévale jamais en France, et je ne sais si l'on doit désirer qu'elle s'y établisse.

la législation ait són cours. Et d'ailleurs uue Chambre des Pairs, entravant sans cesse une Chambre des Communes , deviendrait bientôt odieuse au peuple, et ne tarderait pas à disparaître dans les subversions politiques (2) ; c'est

(1) Voici une sorte de niaiserie mathématique qui n'est pas nouvelle, et qui ne mériterait pas d'être citée si elle n'était reproduite par des publicistes assez jeunes, ce semble, mais qui annoncent devoir être un jour des gens d'esprit. Il est question de déterminer l'effet produit par l'action combinée des trois pouvoirs qui coopèrent en Angleterre à la confection des lois, et l'on se dit : le pouvoir démocratique est opposé au pouvoir royal , et réciproquement, donc ils se nuiraient entre eux et se combattraient; mais le pouvoir aristocratique est au milieu, il pare les coups et maintient les choses. C'est cette dernière partie dont je nie l'exactitude. A-t-on oublié qu'il faut, en fait de gouvernement, décider et agir : or, si le pouvoir démocratique s'oppose au pouvoir royal, ou veut régir l'Etat à sa manière , le pouvoir aristocratique, réuni à la royauté, emportera sans doute la balance, et l'on marchera (du moins , c'est ainsi, je le pense, qu'on se figure que doit être l'effet de la machine); et si, au contraire, le pouvoir royal veut tenter des envahissemens sur la démocratie et se passer de son assentiment , l'aristocratie, jointe à cette dernière , le fera rentrer dans ses limites. Que résulterait-il de là ? Que ce serait l'aristocratie qui donnerait l'impulsion décisive , et qui , dans la réalité, serait le pouvoir gouvernant. *Mais cela n'empêcherait pas le combat et la division entre un parti qui l'emporte, et un parti qui est vaincu et qui cède;* et je doute fort que, si celui-ci se trouvait être la démocratie , il restât dans une

donc le crédit et la richesse de ses membres , et l'empressement de la foule qui les entoure dans l'espérance de recueillir les fruits qu'elle se promet de leur puissante protection. C'est ce crédit, cette richesse, ce concours, cet immense patronage dont les effets sont ressentis jusque dans les dernières bourgades des trois royaumes , qui donnent à la Chambre des Pairs une si grande prépondérance dans les destinées de l'Angleterre. Cette prépondérance se fait éminement remarquer dans les élections, puisqu'il est de notoriété publique qu'il n'en est aucune où les frères, parens ou amis des pairs ne viennent peupler la Chambre des Communes presque tout entière. Toutes ces opérations préliminaires une fois consommées, au gré du ministre , et le parlement

grande tranquillité après un premier échec , et qu'il ne se défît bientôt des privilégiés qui prétendraient lui imposer le joug : aussi ne gouverne-t-on l'Angleterre qu'en s'assurant des Communes , et non pas en se bornant à les heurter de front avec une Chambre des Pairs. C'est par l'influence morale , bien autrement que par l'emploi d'une force directe dans la législation, que les Pairs jouent un si grand rôle dans ce pays. En vérité, l'on rougit pour la raison humaine, quand on voit réduire à des tours d'équilibre le maniement des affaires publiques , et l'impertubable effet que nos spéculateurs cherchent à découvrir dans le troisième pouvoir , ne me semble pas mériter que j'en dise un seul mot de plus dans le cours de mon ouvrage.

composé de manière à seconder ses vues et à soutenir son administration, il marche avec sécurité ; il connaît la maxime de la toute-puissance des résolutions qu'il est sûr désormais de conduire et de maîtriser dans les intérêts de la gloire et de la puissance du trône. Et, si les conceptions de notre Montesquieu sont parvenues jusqu'à lui, il en sourit intérieurement en voyant que, pour le bonheur de sa patrie, il est parvenu à ramener à l'unité ce qui, d'après ce publiciste célèbre, devrait demeurer en équilibre, et dans une indépendance absolue ; puis, tournant ses regards sur la soumission des sujets, il se rappelle un apologue qui dans la politique ne mérite pas moins d'attention que celui de Ménénius : *le Dragon à plusieurs têtes et le Dragon à plusieurs queues.* (3) Satisfait d'avoir réuni la multiplicité des têtes dans un seul ensemble et sous une même direction, il laisse subsister les divisions partout où les résistances pourraient naître. Il supporte, il protège même les corporations, les associations et les sectes ; il ne craint pas de se trouver mêlé dans l'impolitesse de leurs discours et dans la brutalité de

(1) Ce sont les rédacteurs du *Constitutionnel* eux-mêmes qui, dans leur feuille du 13 août dernier, ont rappelé cet apologue, et ils ne pourront contredire la justesse de l'application que j'en fais.

leurs imputations. Cette licence, que les Anglais prennent pour la liberté, est un sûr garant que leurs querelles et leurs animosités personnelles, qu'elle ne cesse d'entretenir, les empêcheront d'entrer d'un commun accord et d'un même esprit dans des ligues formidables contre le monarque. D'ailleurs, un système particulier de finances enchaîne à la stabilité de la chose publique toutes les classes élevées au-dessus des simples prolétaires; et, si, enfin, quelque maladie contagieuse et subversive de l'ordre et de l'autorité, menace d'une invasion universelle les diverses régions du corps politique, alors il s'ouvre une puissante ressource, qu'un ministre habile tient toujours en réserve, et que dans ces momens difficiles il ne manque jamais de mettre en usage, celle d'une diversion offerte à l'orgueil national dans des démêlés extérieurs et dans des guerres étrangères.

CHAPITRE XI.

Changement des ministres en Angleterre ; les nouveaux ministres suivent les erremens de leurs prédécessenrs. Le parti anti-ministériel, satisfait de la victoire, se contente de quelques vaines concessions. La majorité revient au ministère. Toutes ces transitions impraticables en France. La royauté préservée en Angleterre par la révolution française.

Cependant, malgré tant de soins et de prévoyance , il arrive quelquefois que, par l'accumulation des passions et des obstacles, le ministre se regarde comme hors d'état de surmonter les attaques qui bientôt se renouvelleraient contre lui , et repousseraient toutes ses mesures , même celles qu'il croirait les plus indispensables au bonheur public. Alors le gouvernement cède , et le Roi va chercher son nouveau ministre presque toujours dans les rangs les plus distingués de ceux qui se sont élevés contre celui qu'il vient d'abandonner.

Comme il paraît assez peu naturel que le ma-

niement des affaires , passant ainsi successivement sous l'empire des opinions et des partis
en apparence les plus opposés , n'en éprouve
les plus violentes secousses , on s'est assez généralement figuré que le gouvernement anglais ,
sous les formes de la royauté , n'était au fond
qu'une sorte d'aristocratie où le même esprit ,
toujours subsistant malgré de vaines querelles ,
préservait l'état de variations dans les opinions
dominantes , et de changemens dans les institutions. Je regarde cette manière de voir comme
entièrement erronée. Les rois d'Angleterre ne
font que ce que les mêmes circonstances font
faire aux rois de tous les autres pays. Partout,
lorsqu'un ministère succombe , on est presque
toujours assuré que le nouveau choix tombera
sur des personnes connues pour ne pas abonder
dans le sens que ce ministère a suivi , ou même
pour y être entièrement opposées. Mais ce choix
ne s'adresse d'ordinaire qu'à des hommes que
leur rang, leurs richesses ou leurs relations de
société élèvent au-dessus de la classe commune,
et qui, sans tenir à des corps investis d'aussi
imposantes prérogatives que celles dont jouit la
Chambre des Pairs en Angleterre , n'en sont
pas moins intéressés à préserver l'état de bouleversemens et de destruction. Alors il est bien
difficile que de nouveaux ministres , s'ils trou-

vent des vérités conservatrices dans les erremens accrédités avant eux, les abandonnent en entier, et ne modifient les maximes contraires auxquelles jusque-là ils s'étaient montrés attachés, et que peut-être ils avaient soutenues avec force.

Voilà ce qui, dans tous les pays, tempère la variation et l'instabilité de principes, qui pourraient devenir aussi fréquentes que funestes dans les changemens de ministère. Seulement, en Angleterre, ces transformations dans les sentimens de ceux qui viennent occuper des fonctions politiques, sont favorisées plus que partout ailleurs, par l'habitude où l'on est de ne jamais sortir des sentiers battus, et de voir, sans aucune surprise et comme une chose naturelle, ce qu'on a déjà vu dans la conduite des hommes. En un mot, les mœurs publiques, ce concours de dispositions toujours constantes dans les esprits, et d'usages toujours les mêmes chez une nation, que les partisans des réformes modernes ne manquent pas de présenter comme un gage assuré de la prudence et de la modération des peuples, quoiqu'ils semblent en méconnaître la force contre les volontés arbitraires et inusitées des rois; les mœurs, dis-je, chez les Anglais, donnent toute latitude au ministre qui sort des bancs de l'opposition, de régler, au degré qu'il lui plaît et sans aucun

scandale, sa gestion sur celle de ses prédécesseurs. Le parti qu'il vient de quitter se contente de quelques vaines concessions en paroles
bien plus qu'en réalité, et s'affaiblit de tous les
membres qui passent du côté de leur ancien
collègue ; la majorité est acquise au gouvernement ; et le peuple, entraîné par une volonté irrésistible dont il ne voit jamais interrompre le cours, imbu de l'inviolabilité des
résolutions du Parlement, mais séduit par quelques formes populaires et par le titre de nation
libre, obéit avec l'orgueil de la puissance et
l'exactitude de l'esclavage.

Aurions-nous lieu de nous flatter que les mêmes précautions et la même marche dans le gouvernement de la France produiraient les mêmes
résultats ? Je ne le pense pas. Et d'abord, malgré les motifs qu'un ministre, choisi dans les
partis opposés à la royauté, aurait de revenir
aux principes qui seuls peuvent conserver notre
malheureuse patrie, est-il probable qu'il se
vouerait aux devoirs de sa nouvelle situation
avec tout l'abandon et tout le retour qu'un Anglais est libre d'y mettre ? Autrefois, quoique
les opinions d'un ministre, au moment qu'il
entrait au ministère, fussent presque toujours
assez généralement connues, elles n'étaient
pas cependant aussi solennellement prononcées

qu'elles l'eussent été de nos jours ; et il pouvait s'en détacher bien plus facilement qu'il
ne pourrait le faire aujourd'hui. Maintenant,
ce que nous pensons a été trop de fois et trop
publiquement répété, et nous mettons une trop
grande importance à nos paroles, pour qu'aucun Français, et surtout l'orateur qui a brillé
dans une assemblée, se résolve à faire le sacrifice des sentimens et des manières de voir que
sa vanité ne lui permet plus de soumettre à
l'examen, et dans lesquels il a placé les titres
de sa gloire. Il est donc presque impossible de
s'en promettre autre chose qu'un mélange funeste de velléités pour la cause du monarque,
et de condescendances pour les amis du relâchement et des faux principes.

Si de ce ministre nous passons ensuite à l'examen des manières de sentir et d'agir que l'impétuosité de notre caractère national ne manque
pas de faire régner dans nos assemblées, nous
croit-on capables d'imiter facilement l'impassibilité anglaise ? Et pense-t-on que le parti qui
se verrait abandonné par le ministre tiré de
son sein, ne redoublerait pas de pétulance et
d'animosités, et ne mettrait pas toutes les
jouissances de son amour-propre à lui susciter
des obstacles sans nombre ? Je ne sais par quelle
fatalité, attachée à la malheureuse époque dans

laquelle la Providence nous a condamnés à voir notre vie s'écouler, on a toujours les yeux ouverts sur les défauts des rois, et toujours fermés sur les passions des assemblées. Je ne sais par quelle opiniâtreté déplorable on se représente ces rassemblemens orageux comme toujours prêts à rentrer dans les bornes de la modération, et à saisir de nouveau les moyens termes, si quelquefois il leur est arrivé de s'en écarter. Je ne m'arrêterai pas à démontrer que ces moyens termes ne sont pas toujours la voie la plus sûre pour arriver au bien, et qu'ils peuvent souvent rompre l'ensemble des meilleurs projets. Une seule réflexion suffira pour faire sentir quels ils sont d'ordinaire ; la voici. Les factieux habiles savent très-bien qu'il est certaines maximes que repousse le commun des hommes. Ils les font circuler et soutenir par les enfans perdus de leur parti, et, restant eux-mêmes, dans leurs discours, en arrière de ces prétendus principes, ils empruntent des dehors de sagesse pour amener les esprits au point qui leur est nécessaire. Et qu'on ne se laisse pas séduire par les dispositions qui règnent généralement aujourd'hui dans la nation française, et dont nous ne saurions trop profiter pour établir des règles de conduite invariables et des bornes qu'on ne franchisse jamais. Des assemblées sans factieux sont de ces présens rares que la bonté céleste ne consent à nous accorder que lorsque, apercevant le changement des cœurs, elle veut cesser de punir. En effet, les hommes les plus froids et remplis des meilleures intentions, lorsqu'ils voient les conseils du souverain ne point entrer dans leurs vues et rejeter leurs avis, ont peine à se défendre de l'oubli ou du moins de la suspension des principes, et de l'ambition de l'autorité, pour faire triompher, par la contrainte, ce que le bien public leur semble exiger invinciblement; et, s'ils éprouvent ces tentations violentes d'incursions dans le pouvoir, que ne sont-elles pas pour ces esprits moins réfléchis, moins éclairés, moins attachés au devoir, qui, dans toutes les assemblées, même les mieux composées, forment en quelque sorte un peuple nombreux, et qui n'ont quelque part aux prérogatives suprêmes que pour en désirer davantage? J'ai dit que les rois ne songeaient à étendre leur puissance jusqu'à ses dernières limites, que lorsqu'on la leur disputait et que leurs sujets se montraient résolus à y résister. Croit-on que ces dispositions de mécontentement contre les obstacles, et ces vœux ardens pour l'accroissement du libre exercice des volontés, se rencontrent avec moins d'emportement dans les membres d'une réunion qui jouit de droits importans, mais qui doit toujours répugner à se les avouer comme n'étant que secondaires? J'ai encore dit que, dans une suite de rois enclins presque tous à la faiblesse, il s'elève de temps à autre quelque esprit remarquable par l'inflexibilité de ses résolutions et l'audace de ses entreprises. *Mais ce que le laps de temps fait nécessairement rencontrer parmi ces rois, le nombre ne peut manquer de l'offrir dès l'abord dans le sein d'assemblées dont les membres, choisis parmi d'autres assemblées, affluent de toutes les parties d'un empire.* Ainsi, des chefs prompts à tout entrepreudre, viennent infailliblement s'y placer au milieu de soldats qui n'attendent que la direction qu'on veut leur imprimer, et qui ne sont déjà que trop disposés par eux-mêmes à commettre des hostilités, et à marcher dans des guerres d'invasion. Je le demande; au milieu de ces agitations, de ces passions immodérées et de ces élans vers l'agrandissement, où trouver le moindre motif de penser avec Montesquieu, que le concert s'établira nécessairement entre les assemblées et le prince; qu'égales au monarque, elles se renfermeront dans leurs limites, et que, forcées d'aller par le cours des choses, ces doubles et triples autorités marcheront sans chercher à se surmonter dans la marche? Quel étrange équilibre ! quel délire d'en avoir seulement conçu la pensée ! quel aveugleglement surtout de s'opiniâtrer à le regarder comme le seul moyen de salut, dans l'exaltation qui nous entraîne sans cesse, et que les Français ont montrée dans toutes les époques de leur histoire ! (1)

(1) Lorsque j'écrivais ce paragraphe, l'ordonnance du Roi, du 5 septembre, n'avait point encore paru, et la nouvelle assemblée des Députés n'avait pas encore été convoquée; et je ne dissimulerai pas que, craignant de voir celle qui vient d'être dissoute adopter, par l'amour du bien même, des maximes hasardées et introduire des exemples dangereux pour l'avenir, je voulais lui montrer tout ce qu'on pouvait redouter d'assemblées moins bien intentionnées, tant que les vrais principes n'étaient pas irrévocablement fixés. Mais, maintenant qu'elle n'est plus, je dois lui rendre justice, et je ne veux pas qu'on croie que je reconnais comme véritables les imputations qu'on a élevées contre elle avec beaucoup plus de zèle que de preuves. Je sais qu'elle a montré un grand désir de réparer les injustices, mais jamais aux dépends des particuliers : c'est le trésor public qu'elle voulait charger de ces réparations, autant que les circonstances pourraient le permettre. Malheur a toute nation qui ne met pas la justice au premier rang de ses devoirs, et qui ne voudrait lui faire aucun sacrifice! la violence est bientôt la seule loi qu'elle connaisse, et ses générations sont destinées à périr dans des jours de discordes et de calamités. Nos révolutionnaires sont presque tous morts pour des intérêts mesquins, et d'immenses richesses ont été englouties et se sont perdues à jamais pour

Je dois dire ici ma pensée toute entière. L'Angleterre elle-même, malgré les soins et la vigilange de ses grands ministres pour maintenir, sans interruption, la prépondérance d'un seul pouvoir, et pour établir par le fait l'unité dont la nature nous offre dans toute organisation le parfait modèle, l'Angleterre, dis-je, aurait payé le défaut de n'avoir pas une déclaration solennelle comme l'est notre Charte, où l'on retrouve formellement que l'autorité appartient essentiellement au roi, et que, dans les momens de troubles, il peut tout faire pour la conservation de l'état ; et depuis long-temps, dans l'incertitude de ses maximes fondamentales, elle ne serait

ne pas savoir sacrifier une obole. On reproche aussi à cette assemblée des défiances et des alarmes qui, après tout, ne prouvent que son zèle pour la royauté. Il est vrai que la crainte de ne pas être écoutée s'est plus d'une fois manifestée dans son enceinte, et je viens d'avouer que le désir de sauver la France avait éveillé quelques fausses idées dans plusieurs de ses membres qui avaient encore besoin de méditer sur la souveraineté des rois, et d'examiner les véritables bases sur lesquelles elle repose. Mais ces bases et cette souveraineté par qui étaient-elles connues d'un manière distincte ? Qu'on lise les débats de l'assemblée de 1814, à laquelle on n'impute rien, et l'on verra ce que c'est que des discours de révolution et des principes subversifs. Au surplus, je conviens que, vers la fin de la session, il commençait à se mêler une certaine exaspération dans les paroles et dans les pensées, et c'est le danger qu'offri-

qu'un théâtre d'anarchie , sans un préservatif tout-puissant qui est venu éclairer les esprits, et les porter dans une route directement opposée à celle où ils se trouvaient engagés. Ce préservatif, auquel il semble qu'on n'a jamais fait attention , tandis qu'on s'est épuisé à dénombrer tous les autres , a été la Révolution française.

Je m'en rapporte à ceux qui ont étudié les dispositions de la nation anglaise , avant que cette terrible leçon fût donnée à tous les peuples. Les Anglais, pour la plupart , semblaient avoir perdu de vue ce que leurs ancêtres avaient souf-

ront toutes les assemblées qui n'auront pas une connaissance bien précise de l'étendue de leurs droits, qui seront contrariées dans leurs intentions , et que des journaux mal-avisés régenteront chacun à leur manière. C'est cependant avec un grand plaisir que j'ai vu la plupart des esprits tomber d'accord qu'il fallait pourvoir à l'agrandissement de la puissance royale, et je ne doute pas que les membres de la nouvelle chambre , de plus en plus éloignés de toutes les chimères de représentation nationale et de pouvoir populaire, ne deviennent les modèles invariables de leurs successeurs, en leur montrant les limites qu'on ne doit jamais dépasser. S'ils ne le font pas , ils perdront la France ; car le besoin de la royauté ne se fera pas toujours sentir comme nous l'éprouvons maintenant, et l'ambition des assemblées s'éveillera à mesure que la trace de nos malheurs sera moins marquée. Elles voudront régner, si on ne leur en a pas ôté d'avance tous les moyens : cela est dans l'homme ; cela est infaillible.

fert dans les discordes civiles ; ils ne redoutaient presque plus la démocratie , et ils inclinaient à croire qu'elle était compatible avec le bonheur des peuples ; et qu'elle pouvait subsister avec régularité et sans catastrophes , même dans les pays où une population très-resserrée et vivant de son industrie, était toujours prête à s'enflammer et à seconder de toutes ses forces les forfaits et les dévastations. Déjà les colonies , imbues de principes républicains , avaient secoué le joug , et le feu couvait dans toutes les parties de la métropole. L'évènement qui se passait en France, détourna toutes les attentions ; il suffisait que les Français eussent commencé le mouvement qui devait s'étendre sur tout l'univers , pour que l'orgueil anglais se refusât à le suivre. Bientôt les crimes dont la France devint l'épouvantable théâtre , glacèrent d'effroi toutes les nations , et cependant on vit des rassemblemens anarchiques parcourir toute l'Angleterre , et en particulier l'Irlande , et des républiques flottantes voguèrent sur la Tamise. Mais , le péril extérieur croissant toujours , et les conquêtes de Bonaparte l'ayant porté à son comble , tous les partis , par le besoin d'une conservation commune , se réunirent au pouvoir du Roi , et les ministres puisèrent des argumens irrésistibles contre les doctrines populaires , dans les fléaux qu'elles avaient ré-

pandus sur la France. Cependant, je le re-
pète, il manque à l'Angleterre une base essen-
tielle qu'elle aurait besoin, malgré toute sa force,
d'emprunter à notre Charte constitutionnelle,
la transcendance de la royauté ; et tant qu'elle
évitera de retourner aux lois de la nature, et
qu'elle ne substituera pas, pour l'établissement
des gouvernemens, la pensée de l'origine royale
à celle de l'origine nationale, elle aura toujours
à redouter que ses rois ne succombent sous le
mécontentement réel ou factice des peuples.
Si, dans un si grand malheur, sa situation insulaire la préservait du danger d'être effacée du
nombre des nations, elle n'en serait pas moins
exposée à voir ses sectes dans tous les genres,
qui maintenant servent le pouvoir par leurs divisions intestines, porter alors de toute part
les déchiremens dans son sein, et des commotions violentes et sans terme, renouveler ses siècles de crimes et de calamités.

CHAPITRE XII.

Il ne manque aux Anglais que la connaissance de la suprématie de la royauté. Avantages de leur Gouvernement. Ils consistent principalement dans la liberté de tout dire et de tout écrire. Cette liberté ne doit pas rester sans surveillance.

MAIS enfin, me dira-t-on, puisque vous avez toujours présens à l'esprit les dangers inhérens au gouvernement d'Angleterre ; puisque, d'après vous, ce gouvernement ne subsiste que par l'habileté des ministres ; puisque la liberté individuelle y est peut-être plus gênée dans ce pays que dans les autres, et qu'enfin il faut dans cette île, plus que partout ailleurs, se soumettre lorsque l'autorité ou, à le bien prendre, l'administration a parlé (1) ; on doit donc en inférer que, bien que précédemment vous ayez refusé

(1) Plusieurs écrivains ont remarqué avec beaucoup de justesse que la toute-puissance du parlement, remise par le fait à la disposition du ministre qui savait la diriger, réduisait en Angleterre la gestion des affaires publiques à une véritable administration.

d'en convenir, les Anglais ont le plus grand tort d'être si fortement attachés à leur constitution, et qu'il feraient très-sagement de la renverser, et de prendre quelque forme de gouvernement bien absolu qui les délivrât d'une situation toujours précaire, et des craintes qu'elle doit toujours leur inspirer.

Ce n'est pas là, à beaucoup près, ce qu'il faut conclure de mes opinions sur l'Angleterre et sur son gouvernement. Je ne blâme qu'un défaut principal dans les maximes politiques des Anglais : je voudrais qu'ils se défissent de ces arrières-pensées de souveraineté populaire que, dans des temps malheureux, des sectes fanatiques et cruelles leur inspirèrent. Il faudrait (je suis obligé de le répéter sans cesse, car il s'agit d'une de ces données imposées par la nature et semblables aux quantités que, dans certains calculs de nos sciences abstraites on tient soigneusement à l'écart, mais qui, dans le cours des opérations, reparaissent et se reproduisent toujours) il faudrait qu'ils se déterminassent à admettre sans hésitation la suprématie de l'autorité du roi, pour comprimer les passions, lorsqu'il surviendroit des divisions funestes entre les pouvoirs et des rébellions dans le peuple. Ce n'est point aux Anglais, ni aux nations qui se sont nourries comme eux d'*idées plus fortes que pru-*

dentes et sages, que j'irais proposer de ne voir dans leurs chambres législatives que de simples conseils du roi, et de réduire les résolutions qui en émanent, à des décisions purement consultatives. La modification dont je viens de parler suffirait pour que, dans les temps de discorde, on ne se jetât pas du côté de la destruction et de la mort; et même la pensée que le prince peut, au dernier moment, parler avec toute sa puissance, et faire évanouir les projets désastreux, serait, si j'en juge bien, capable d'arrêter les factieux, en leur montrant, dès l'origine, l'inévitable issue de leurs entreprises. Ce point fondamental de la prééminence du trône une fois obtenu, je ne vois plus que d'immenses avantages dans la constitution et dans les habitudes anglaises.

Ces avantages, je les ai trop fait sentir dans mes précédens écrits, pour m'en occuper de nouveau; je me contenterai de rappeler qu'ils résultent de l'épreuve que les projets du ministre doivent subir dans les discussions des Chambres, de la circonspection et de la salutaire lenteur qui doit en provenir dans la direction des affaires, de la connaissance de toutes choses que le prince puise dans les discours publics et dans les entretiens particuliers des envoyés de toutes les provinces, et enfin de la conviction où tous les in-

dividus de la nation parviennent, à la lecture
des débats du parlement, que leurs intérêts ont
été pesés et défendus autant qu'ils pouvaient
l'être. D'autres avantages encore que les Anglais
recueillent de l'habitude des discussions et de
ce pouvoir de tout dire, qui s'étend depuis la
Chambre des Pairs, jusqu'à la dernière réunion
politique, est de s'éclairer mutuellement sur
d'innombrables questions; car, on l'a dit, il y
a bien long-temps, le combat des opinions est
la source des vérités. Bien des réponses et bien
des découvertes resteraient inconnues à nous-
mêmes et ensevelies dans le fond de notre ame,
si le besoin de triompher de nos adversaires ne
nous faisait violence et ne nous obligeait à d'heureux efforts. Toutefois, je me garderai de me
ranger d'une manière absolue de l'avis de ces
orateurs et de ces écrivains qui, trop suspects
de ne vouloir des discours et des livres que parce
qu'ils savent en faire, et que, par cela même,
ils espèrent dominer sur leurs semblables, prétendent que jamais on ne doit retenir les paroles
ou les écrits, et qu'on doit se contenter d'en punir les auteurs, lorsqu'on y trouve des intentions ou des assertions coupables. Ceux qui soutiennent cette proposition avec chaleur et sans
restriction, ont évidemment des opinions secrètes et hasardées qu'ils aspirent à faire préva-

loir. Je ne leur répondrai pas que, si la vérité tire avantage des discussions, elle peut aussi très-souvent être étouffée par le torrent des paroles et surtout par les vociférations des partis. J'irai droit au but, en leur demandant quel traité la Providence a passé avec eux pour s'engager à faire naître un réfutateur des fausses doctrines, en même-temps que le propagateur viendrait au monde. Ne savent-ils pas que certains sophismes, comme un feu dévorant, se répandent au milieu de l'espèce humaine, et que trop souvent des siècles entiers suffisent à peine pour éteindre l'incendie qu'ils ont allumé de toutes parts. Depuis trente ans nous voyons la plus extravagante et la plus fausse des conceptions étendre ses subversions et trouver à peine quelques contradicteurs. Je veux parler de la souveraineté d'un être qui, si l'on emploie dans les termes l'exactitude que les moindres sciences réclament, *n'exista jamais*, la souveraineté *du peuple* (1), et des écrits tout récens

(1) Je renvoie le lecteur au principe que j'ai posé dans mes précédens écrits, que des collections et des agrégations n'étaient pas des êtres. Ce principe, ainsi que celui du néant de la prétendue souveraineté du peuple, est traité fort au long depuis la pag. 17 jusqu'à la pag. 45 des Premiers développemens que j'ai publiés sur ma proposition du 18 janvier dernier.

voudraient encore nous y lier comme à un pouvoir incontestable. Depuis trente ans, nous
voyons ranger au nombre des vertus l'esprit de
rébellion contre l'autorité des rois ; et, disons-le
à la honte des jugemens humains, les mêmes
feuilles périodiques qui blâment comme une
source de malheurs publics la résistance des
cours souveraines au gouvernement de l'infor-
tuné Louis XVI, ne peuvent pas trouver de résistance assez efficace ni d'entraves assez fortes
lorsqu'il faut contre-balancer la puissance royale.
Que serait-ce, si je parlais de ces opinions astu-
cieuses que les factieux de tous les temps savent
émettre à propos pour flatter les passions du
moment, et pour embraser les empires? Qui
oserait soutenir que, dans l'effervescence qui
précédait le 20 mars, et qu'alimentaient les conjurés, de bons écrits, quand bien même les
écrivains eussent été tout prêts à les composer,
auraient pu détruire les ravages de ce journal de
détestable mémoire qui soulevait sans cesse la
fureur de militaires ivres d'orgueil et de présomption, et dans lequel tout lecteur attentif a
pu voir la conspiration tout entière, l'odieux
Nain jaune? Qu'ils répondent, ceux qui, après
de si grands crimes et des malheurs si terribles,
loin de se contenter de la liberté de droit qui
règne dans l'enceinte de deux assemblées aussi

respectables que nombreuses , repoussent toute
surveillance au dehors , dans la publication des
ouvrages les plus dangereux? Se croient-ils des
divinités qui , après avoir laissé exterminer les
hommes , peuvent leur donner une autre vie?
Sont-ils comme le maître des cieux qui , du haut
de son trône , regarde avec impassibilité des
masses entières de populations humaines se précipiter les unes sur les autres pour arriver à
peine à quelques connaissances utiles à leurs
descendans? Sont-ils, je le répète, comme ce
souverain être, pour qui les générations vont
se perdre par torrens dans la destruction ; mais
qui (nous l'avons dit ailleurs) cesserait d'être
Dieu, s'il ne retrouvait dans l'abîme chaque individu par son nom , pour lui prononcer enfin
les décrets de sa justice? Loin de nous cette
froide, disons plus , cette criminelle manie de
notre siècle , qui ne considère les hommes que
comme de vils instrumens que l'on peut faire
périr en foule , pourvu que les résultats soient
immenses ; et, gardons-nous d'imiter ces savans
qui , entassant dans leur laboratoire les sub-
stances mortes et vives, sembleraient, dans leur
ardeur fanatique pour le progrès des sicences ,
voir l'espèce humaine comme une chair à fer-
mentation , dont on ne saurait trop exciter les
mouvemens internes pour amener de grandes

découvertes. S'il est vrai que les hommes doivent se heurter sans cesse pour avancer dans la
voie de la vérité, ne nous empressons pas de
rendre notre patrie le théâtre de ces combats.
Imitons plutôt ces sages princes qui, sachant
que dans l'état actuel des sociétés. les vérités
utiles ne se perdent pas, préservent leurs pays
des querelles où on les découvre, et attendent
qu'elles soient vérifiées pour les admettre ; ou
plutôt, j'y consens, poursuivons nos recherches,
et emparons-nous du vrai partout où nous le
forcerons de paraître. Mais conformons-nous à
la Charte, qui ne veut en ce genre que nous garantir des excès de la licence, et dont le but est
que le prince entende tous ses sujets et toutes
leurs demandes , quoique certainement il ne
s'astreigne pas à les entendre toujours publiquement et par la voie des libelles. Portons des lois
répressives lorsque notre monarque nous y in-
vitera et que l'imminence du mal nous prouvera
que nous ne pouvons nous dispenser de le faire :
si ce mal nous surprenait avant que nous eus-
sions pu nous mettre en défense , souvenons-
nous que notre Roi s'est réservé sur cet article
comme sur tous les autres, le soin et le pouvoir
d'ordonner ce qu'exige la sûreté de l'Etat. Re-
poussons les préceptes absolus qu'on voudrait
puiser en Angleterre, parce que, semblables à

ces parties du corps qui, à force de meurtrissures, perdent leur sensibilité, ces peuples ont vécu quelques années sans ressentir de fâcheuses atteintes d'une liberté entière et sans obstacles ; et si Mithridate s'accoutuma aux poisons les plus cruels, croyons qu'il ne les avait pas tous éprouvés, et que, s'il eût vécu l'âge que vivent les nations, il en auraît trouvé d'une telle force, qu'il eût violé toutes les résolutions de ne pas les rejeter de sa coupe et de les porter à sa bouche(1).

(1) Ce chapitre a été écrit long-temps avant la publication de l'ouvrage de M. le vicomte de Châteaubriand, intitulé : *De la Monarchie selon la Charte*. Comme je diffère entièrement d'opinion avec lui sur plusieurs points importans, et notamment sur celui qui fait l'objet de ce paragraphe, je prie le lecteur de jeter les yeux sur ce que je dis de la liberté de la presse, dans le Supplément que j'ai composé tout exprès pour répondre à la partie théorique de ce même ouvrage.

CHAPITRE XIII.

Liberté civile. C'est à elle qu'on doit s'attacher.
Liberté despotique préférable à la manie
législative. Cette liberté n'est pas plus con-
tradictoire que certaines définitions scienti-
fiques, et que l'expresion de gouvernement
représentatif.

J'AI examiné dans le plus grand détail la doctrine qui établit comme un point fondamental
non-seulement la distinction des pouvoirs, mais
encore leur indépendence mutuelle. J'ai démontré, ce me semble, invinciblement le délire
des personnes qui se flattent de les voir marcher
de concert et sans des chocs et des ébranlemens
continuels, à moins que l'un d'entre eux ne
prenne une prépondérance de fait qui remplace,
mais précairement, la suréminence de droit.
J'ai avancé aussi, et fait plusieurs fois sentir que
la liberté politique, mot en général fort mal dé-
fini, si elle présentait l'avantage de discussions
solennelles, entretenait dans les esprits des
causes de discordes et de troubles, qu'il fallait
prévenir par des règlemens et autres dispositions

très-contraires à la liberté individuelle. J'ai fait l'observation que , si les orateurs et les écrivains qui veulent se faire un nom et dominer sur leurs concitoyens, se montraient extrêmement jaloux de la première de ces libertés , le reste du peuple avait le plus grand intérêt à jouir de la seconde. Je puis ajouter à ces réflexions qu'il est assez étonnant que Montesquieu , dans son *Esprit des lois* , ait fait plusieurs chapitres sur les diverses libertés , chapitres qui ne sont pas les moins bons de son ouvrage , et qu'il ait méconnu que , tout ici-bas aboutissant à des individus, la liberté qui nous intéresse véritablement , est celle qui nous laisse chacun en particulier arbitres de nos actions. Il est vrai que dans l'exercice d'une pareille liberté nous nous nuirions les uns aux autres, et c'est vraisemblablement la raison pour laquelle Montesquieu l'a passée sous silence et s'est contenté de mentionner la liberté civile. C'est celle qui permet aux citoyens de faire tout ce que les lois ne leur interdisent pas ; c'est à celle-là que nous devons , sans contredit, nous attacher le plus : car il nous est extrêmement précieux , d'une part , de trouver dans les lois des pouvoirs qui nous protègent , et de l'autre , de connaître l'étendue de notre obéissance, et de savoir ce qui nous est commandé sans être obligés de dépendre continuellement d'ordres variables et arbitraires.

J'acquiesce de toute mon ame à cette liberté, et toute ma vie je regarderai comme mon premier devoir d'en être le défenseur dans les fonctions qui me seront confiées. Mais aussi je ne saurais prendre sur moi de laisser circons- crire la nature par des génies captifs qui vou- draiant lui assigner les bornes où ils s'enferment eux-mêmes. C'est une vérité fondamentale que l'autorité souveraine est la protectrice des peu- ples, elle dispense la protection suivant la règle des lois, mais elle existe avant cette règle, et, si le cas y échoit, elle ne doit point périr par elle; un homme d'état serait inexcusable s'il ne connaissait ce principe. Un autre excès propre à refroidir le plus zélé partisan du régime des lois, serait encore cette manie législative qui, dans les temps modernes, n'a cessé chaque jour de répandre sur notre sort les ténèbres et l'incertitude. Pour moi, j'avoue que le pouvoir le plus arbitraire est moins redoutable à mes yeux que des maximes qui laisseraint l'état sans ressources au moment le plus critique, et qu'une multiplicité toujours re- naissante de lois obscures et contradictoires; et, si de tels inconvéniens étaient inséparables de la liberté civile, je lui préférerais, sous un monar- que absolu, la liberté despotique.

La liberté despotique ! va-t-on s'écrier; de quels mots contradictoires vous servez-vous ?

existe-t-il quelque liberté sous le sceptre des despotes? Pourquoi pas, répondrai-je? Un bon Roi, le plus absolu qu'on veuille imaginer, peut ne donner que des ordres fort justes, en ménager le nombre, et laisser ses sujets jouir de plus de liberté qu'on n'en saurait imaginer dans la démocratie la plus illimitée. D'ailleurs, en admettant quelque contradiction dans les termes, me refuserait-on un privilége que se passent tous les savans de nos jours.

Ainsi, demandez aux mathématiciens ce que c'est que le point mathématique. Un grand nombre vous répondront à l'instant : C'est l'étendue dans aucun sens : quelle plus étonnante contradiction? L'étendue porte les idées dans un sens d'extension, et le mot *aucun sens* anéantit ce qu'on vient de dire. C'est précisément comme si on définissait la couleur blanche par la noire et la noire par la blanche. (1)

(1) Le métaphysicien, qui ne doit être autre chose qu'un observateur exact et un analyste plus sévère que les autres hommes, et qui a le droit de faire plier les mathématiques sous son invincible logique; ne peut se dispenser d'apercevoir dans une pareille définition le désir de se préparer les voies pour de certaines suppressions qu'on ne doit tolérer que pour leur utilité, et qu'il faut éviter autant que possible pour ne pas multiplier les idées fausses et les *non-choses*. C'est, pour le dire en passant, ce que n'ont point fait les mathématiciens de nos jours ; et il est notoire

Mais en nous bornant à des questions de notre sphère et dans lesquelles Montesquieu se trouve encore impliqué, n'est-ce pas évidemment (qu'on me passe ces expressions triviales) un autre blanc-noir ou du noir-blanc, que ce qu'on appelle *gouvernement représentatif.*

En effet, le mot *gouvernement* renferme un sens passif à l'égard des citoyens gouvernés. On les voit obéir aux ordres qu'on leur donne, et suivre la direction qu'on leur imprime; et le

qu'en cherchant à corroborer les méthodes des grands hommes du siècle qui les avait précédés, et qu'en portant la perfection du néant non-seulement dans le point mathématique, mais dans toutes les grandeurs possibles, ils sont arrivés à des raisonnemens sur les limites, des confusions dans les natures et des évanouissemens dans les choses qui n'ont fait que déguiser, avec tout l'orgueil de la science, les retranchemens arbitraires, mais beaucoup plus francs que, faute de mieux, on se permettait avant eux sans de grands scrupules.

Ce n'est pas qu'il n'y ait dans leurs conceptions, et en particulier dans leurs théories sur les limites, des aperçus vrais sous certaines faces et dans certaines occasions : mais j'ose dire que les mathématiciens, faute de connaître à fond les notions qu'ils emploient, ne savent pas en faire les applications avec discernement. J'espère, dans d'autres écrits, en donner très-facilement des preuves irréfragables ; et j'ajouterai plusieurs considérations élémentaires, d'après lesquelles il sera démontré que plus d'une fois, nos plus grands mathématiciens ont avancé des propositions inexactes, et même fait des calculs erronés dont un enfant,

mot *représentatif* les fait voir au contraire dans un sens actif, puisqu'on ne les représenterait pas si on se permettait des actes contraires aux missions qu'ils imposent, et si, au lieu de se conformer avec scrupule à leurs intentions, on portait la licence jusqu'à leur signifier des volontés opposées aux leurs en leur prescrivant une obéissance absolue sans possibilité d'examen, de révision, de désaveu ou de révocation. Ainsi, par un abus de mots qui prouve hautement ou l'impardonnable légéreté ou la perfidie criminelle de ceux qui, les premiers, ont réuni dans un même assemblage des expressions aussi incompatibles, nous sommes obligés de voir les commettans sous deux faces qui se détruisent ; et les

dégagé de toute prévention, serait en état de prouver la fausseté. Or, je le demande dès à présent, s'il se pouvait que j'eusse raison sur les choses les plus simples, et que les mathématiciens eussent grand tort pour n'avoir pas commencé les mathématiques par le commencement, que faudra-t-il en conclure ? Que dans cette science, l'inexactitude peut n'avoir pas de très-grands inconvéniens, mais qu'elle peut avoir les plus funestes conséquences en politique, et que, s'il ne faut pas se faire tuer pour soutenir la vérité de toutes les paroles des mathématiciens, il le faut encore moins pour défendre les doctrines des publicistes. Vérifiez avant de construire et d'agir ; voilà ce que je ne cesserai de répéter, et ce à quoi il est évident que j'en voulais venir en discutant dans cette note une matière qui, par elle-même, est tout à fait étrangère à mon sujet.

gouvernans ne sont pas dans une moindre incertitude sur leurs fonctions, puisque, comme pré-
posés, ils doivent être soumis à leurs maîtres, et
que cependant, comme revêtus du pouvoir, ils
doivent leur commander. (1)

(1) Pour bien connaître l'absurdité des théories modernes sur la représentation, j'engage le lecteur à voir les
premiers développemens de ma Proposition du 18 janvier,
depuis la pag. 28 jusqu'à la pag. 32, et ceux que j'ai publiés postérieurement depuis la pag. 18 jusqu'à la pag. 21.

CHAPITRE XIV.

La Charte n'a institué que des députés. Les représentans d'intérêts sont ou des représentans d'abstractions, ou des magistrats qui ne représentent que la justice. Le Roi seul, protecteur de tous, pourrait être regardé comme leur représentant. Motifs qui rendent même pour lui ce titre peu convenable.

M. Auger, adversaire de M. Fiévée, tombe dans les mêmes fautes qu'il lui reproche. La société n'est pas une simple agrégation. Les sociétés civiles et l'assemblage appelé société politique, sont des choses différentes. Les sociétés ont pour bases les engagemens. La violation des engagemens ne se suppose jamais. Nulle personne engagée ne peut devenir membre d'une nouvelle société dont les engagemens seraient contraires à ceux qu'elle a contractés. Les Gouvernemens sont le lien commun des habitans d'un même pays.

Voila cependant la dénomination que, malgré le texte formel de la règle qui nous est donnée, nous sommes continuellement forcés d'en-

tendre dans les lieux mêmes où l'on devrait le plus
s'en abstenir. Que dis-je ? Plus on sent le néant
de l'expression , plus on la répète avec affectation , plus on cherche de prétextes pour ne pas
l'abandonner ; et nous voyons les mêmes personnes ne parler que de leur respect inviolable
pour la Charte, et , frémissant peut-être des paroles de souveraineté , dont elle est remplie, oublier qu'elle n'institue que des députés. Ce n'est
plus d'un Gouvernement monarchique que nos
feuilles périodiques nous permettent de jouir ,
elles ne reconnaissent , elles ne proclament que
les Gouvernemens représentatifs ; elles vont jusqu'à se permettre d'exhumer le mot de représentant dans quelques ordonnances rendues , on
ne le sait que trop, dans les occasions où l'on ne
pouvait disputer leurs mots chéris à des factieux
qui croyaient y trouver le gage de leur sécurité
présente et de leur domination future. Pour moi
qui n'ai jamais vu sans aversion ces recherches
dans la poudre des lois de circonstances , et ces
équivoques de mots adroitement ménagées , pour
se créer au moment opportun des droits imagi-
naires , il me tarde de voir remplacer par un
mot propre une expression aussi dangereuse
qu'absurde. Je voudrais donc que , pour carac-
tériser les Gouvernemens où l'on élit des hommes
non pas comme représentans , mais comme ar-

bitre des destinées de leurs concitoyens , comme législateurs , en un mot, on se servît , par exemple , du nom de *Gouvernemens missivo-législatifs*. Le nôtre , on le sait , est mixte à cet égard , puisque les députés ne font qu'une portion de la législature ; il ne l'était même pas dans les temps de nos anciens Etats-Généraux , et la désignation de *missivo-consultatif* était la seule qui lui convînt. Sans doute de pareilles dénominations ont quelque chose de barbare qui ne permettrait guère qu'elles passassent en usage ; mais, je le dirai sans cesse, tout mon désir est qu'on bannisse une expression fausse , et qui ne peut être que la source de grands troubles : et j'ose croire que celui qui aura été assez heureux pour faire adopter un assemblage de sons quelconque qui fasse oublier l'épithète de *représentatif*, et qui devienne le nom de notre genre de Gouvernement, aura rendu à la France, et même à l'Europe entière, un service dont l'histoire des temps modernes apprend à connaître tout le prix.

Il est vrai, qu'embarrassé par les termes mêmes de la Charte , qui permet si peu de représentation nationale , qu'elle interdit tout mandat de la part des colléges électoraux , on cherche de nouvelles ressources dans un redoublement d'impropriété de termes , et qu'on se retranche à dire que , puisque la représentation n'a point lieu à l'égard des hommes , il faut cependant convenir qu'elle subsiste à l'égard des intérêts. Telle est la nouvelle opinion que j'ai vu goûter par quelques personnes qui l'avaient puisée dans un ouvrage récent tout étincelant, suivant moi , de talent, d'assertions hasardées , d'erreurs et de vérités. Quant à ces dernières , ou je me trompe extrêmement , ou ce n'est pas dans la théorie générale de l'anteur qu'il faut les chercher. Bornons-nous à ce qui regarde la question qui nous occupe maintenant. Je ne relèverai pas la bizarrerie de faire représenter par des êtres vivans des êtres abstraits tels que les intérêts. Ce n'est pas la première fois qu'on s'est permis une semblable inconséquence dans les expressions ; et je me contenterai d'observer qu'il est difficile d'arriver à une solution bien concluante en paraissant oublier que des intérêts , sans les individus qu'ils concernent, ne seraient que des êtres de raison, et que , dès lors, représenter des intérêts ou représenter des personnes , ce doit être, en bonne logique, une seule et même chose.

Non pas , me dira-t-on ; il est des intérêts communs à tous les hommes ou à des classes entières , et qu'on peut représenter sans s'attacher en particulier à un individu plutôt qu'à un autre.

Ceci demande de grandes distinctions et d'amples explications. Oui , sans doute , il est dans tous les intérêts quelque point de similitude , quelque communauté avec d'autres intérêts quels qu'ils soient. Mais ces ressemblances ne sont pas des identités. Ainsi le propriétaire de biens-fonds , le capitaliste , le salarié , le fabricant , l'homme du fisc et le commerçant ont tous un désir commun dans leurs divers intérêts , c'est de conserver ce qu'ils possédent et de l'accroître s'ils le peuvent. Cela n'empêche pas que ces mêmes intérêts ne soient opposés les uns aux autres (1) , et qu'une seule et même personne

(1) Comment M. Fiévée n'a-t-il pas aperçu le néant de l'intérêt abstractif qu'il détache des intérêts particuliers, et qu'il appelle intérêt commun , lorsque , par contradiction avec lui-même , il nous fait remarquer dans son livre qu'il n'existe pas un seul préfet qui puisse rendre compte de l'opinion de son département , tant un canton est différent de l'autre par le genre de culture ou d'industrie qui s'y exerce , tant les intérêts s'y trouvent divisés et sub-divisés ? Je ne connais que de grauds périls qui obligent de dépouiller les considérations particulières , et qui fassent naître des intérêts véritablement communs en théorie et en pratique. Le passager s'unit au matelot pour se défendre à outrance contre le pirate qui , non content de piller ses prisonniers , les égorge impitoyablement. C'est en dépeignant avec les couleurs les plus fausses les gouvernemens comme toujours prêts à envahir les propriétés des sujets et à détruire leur liberté , que les factieux parviennent à créer

ne puisse pas les représenter tous à la fois plus qu'un avocat ne serait autorisé à plaider pour son client et pour sa partie adverse, sous prétexte que tous deux ont un désir semblable et poursuivent un intérêt qui, sous un point de vue, est commun entre eux, la décision de la justice. L'avocat-général, comme partie publique, a seul le droit de parler dans ce sens, précisément parce qu'il ne représente personne, qu'il ne défend aucune cause en particulier, et qu'il est, je ne dis pas le représentant, c'est un terme peu exact, mais l'organe de la loi, comme le juge en est l'interprète et le ministre.

une unité de sentimens contre l'autorité. Je ne sais s'il a existé des temps où les gouvernemens justifiassent ces craintes universelles, mais, à coup sûr, ces temps ont disparu ; il n'est pas aujourd'hui un seul gouvernement en Europe qui ne soit, par les mœurs et par les maximes, *protecteur* de tous ses sujets : des conservateurs généraux d'équité y sont superflus ; des rectificateurs d'applications particulières peuvent y être utiles ; et c'est ce qui fait que, malgré les efforts des démagogues qui veulent soulever des masses, l'état actuel des sociétés ne demande en aucune sorte de vagues déclamateurs, ou ; en d'autres termes, des représentans d'intérêts généraux, mais bien des magistrats (c'est le nom qui convient) impartiaux, pleins de respect pour l'autorité souveraine, et fermes envers les perturbateurs du genre humain ; ces vérités vont achever de se développer, et deviendront, j'ose le dire, évidentes.

Ceci nous mène au véritable état de la question. Quel est le point commun où tous les intérêts des hommes se rencontrent et s'accordent? C'est la sûreté des personnes , le libre exercice des facultés , et la tranquille jouissance de la propriété. *Suum cuique.* Personne que je sache ne contestera la vérité de cette communauté dans les intérêts , lorsqu'on les réduit à une abstraction si générale et si indéterminée ; mais , si l'on établit des représentans de cette abstraction , je le demande instamment , quel sera leur emploi? Il n'est pas un Gouvernement en Europe qui n'admette qu'autant que le permettent le maintien et le bon ordre de l'Etat , chacun est maître inviolable de sa personne et de son bien. J'aimerais autant qu'on se servît de ces affiches qui , dans le temps de la terreur , tapissaient toutes les issues des moindres villages , et qui faisaient lire en gros caractères : « *Respectez les propriétés d'autrui , elles sont le fruit de son travail.* » J'aimerais , dis - je , autant qu'on recourût à ces niaises et ridicules affiches , que d'installer des représentans d'idées générales , dont les discours se borneraient à répéter sans cesse des préceptes qu'on trouve partout , et sur lesquels tout le monde est du plus parfait accord.

Il faut donc que , dans l'esprit de l'ouvrage qui me suggère ces réflexions ; ces représentans métaphysiques fassent au moins un pas de plus dans les réalités pour que leur existence ait quelque prix, et que leurs fonctions deviennent de quelque utilité. En effet, on se garde bien de se les peindre, se renfermant dans la nullité de leur titre abstractif : on les voit s'opposant activement aux infractions qui, dans les applications effectives, pourraient être commises contre la base générale des principes. Ainsi, par exemple, on se les figure, disputant l'impôt aux demandes exagérées ou arbitraires du fisc, ou bien s'opposant de toutes leurs forces aux mesures illégales ou tyranniques du Prince ; mais ces vues ne sont encore que des généralités où l'on n'entre pas dans le détail des choses. Qu'on arrive enfin aux faits positifs et à la manière dont ils se passent, et l'on verra qu'aucun impôt ne peut être assis sans peser sur certaines classes plus que sur les autres ; que ce qui écrase le vigneron tourne à la décharge du propriétaire des champs ensemensés ; que ce qu'on prohibe pour l'avantage du manufacturier, est la source de la ruine du commerçant, que le règlement que l'on porte pour la sûreté du voyageur devient inquisitorial pour l'habitant, etc. Et, dès lors, il est évident que les représentans d'intérêts communs, pris dans une abstraction générale, se convertissent nécessairement en scrutateurs et en juges des intérêts particuliers. Ils sont ce qu'est la partie publique dans les tribunaux , *ils ne représentent , ils ne personnifient que la justice ;* ou, pour parler plus rigoureusement , ils doivent s'astreindre à ne faire entendre que le langage d'une raison impassible et distributive, ce qui implique contradiction avec l'idée de représentation qui, par l'acception même du mot, désigne une fonction qui n'admet ni délibération ni choix , et qu'on peut dire (s'il m'est permis de m'exprimer ainsi) être machinalement fixée.

Ainsi , les départemens, en nommant des députés , s'ils voulaient les convertir en représentans d'intérêts communs , ou s'astreindraient à se renfermer dans l'acception des mots , et alors ils condamneraient ces mêmes députés à une inaction absolue en tant que représentans de vaines généralisations , ou , s'attachant peu à la valeur fixe et précise des termes, et, conférant *extensivement* à leurs envoyés l'intronisation dans les affaires *de tout le royaume,* ils les changeraient en officiers d'équité , ne leur passeraient que des procurations d'impartialité, les établiraient souverains régulateurs de tout l'Etat, et leur interdiraient surtout de prendre les intérêts de leurs commettans plus à cœur que ceux des autres habitans de la France. Quelque digne d'éloges que fût une telle générosité , je doute qu'elle pût être jamais entièrement conforme à l'intention des départemens lorsqu'ils nomment leurs députés ; car je m'imagine qu'ils ne sont pas fâchés de voir ces derniers défendre leur cause avec chaleur, et je doute encore davantage que ce genre de mission se concilie avec l'esprit de la Charte qui veut, qui désire même, que les organes de réclamations respectueuses viennent se faire entendre de toutes les parties de la France, mais qui n'admettra jamais que l'électeur des plus obscures bourgades impose par son choix un arbitre suprême à tout un peuple, et que l'envoyé qu'il vient d'élire devienne incontinent l'homme de tout un royaume. S'il existe un homme général, élevé au-dessus des conditions et des passions privées, n'embrassant aucun intérêt particulier, mais les prenant tous sous sa sauve-garde, après les avoir pesés toutefois dans une juste balance, c'est dans la personne du Monarque qu'on le trouve. Il est l'homme placé en évidence pour que chacun se range sous sa protection ; il n'est pas élevé si haut, parce que, suivant le livre que je cite, la royauté est l'expression de la société, définition obscure et qui nous ramène à toutes les absurdités de la volonté générale (1), mais parce qu'il était arrêté dans

____

(1) Le grand défaut, suivant moi, de l'ouvrage de M. Fiévée, est d'employer, dans les bases de sa théorie

les décrets de la Providence qu'à chaque génération un homme serait possesseur légitime du signal de puissance et de secours devant lequel

politique, de ces idées et de ces mots mal définis qui laissent le champ libre à toutes les doctrines, et qui permettent à tous les esprits de se livrer aux interprétations qui leur plaisent et de suivre le sens qu'ils affectionnent. Ce n'est pas ainsi que la science peut marcher et faire des progrès assurés ; il lui faut des bases positives. Il est vrai que M. Fiévée vient au secours de notre intelligence, et nous indique le point où nous devons arriver ; mais je ne crains pas de dire que ce but est souvent mal choisi. Il ne saurait l'être plus mal, par exemple, que lorsqu'après nous avoir parlé de situations politiques qui se trouvent dans tous les Etats, il nous amène incontinent à les considérer comme des pouvoirs Il y a loin d'une situation à un droit, et encore plus loin à un pouvoir. Un homme reçoit une assignation pour une dette qu'il conteste, il est dans une situation, son droit de ne pas payer est incertain, mais à coup sûr il n'a pas de pouvoir, et il ne saurait écarter son créancier que lorsque le juge, seule puissance en pareille matière, aura prononcé. Tous les jours nous voyons des gens être dans une situation fâcheuse, et nous les entendons se plaindre, soit par eux-mêmes, soit par le ministère d'avocats, et ces plaintes nous prouvent qu'ils sont sans pouvoir. Dira-t-on que la plainte est en elle-même un pouvoir ? je pourrais en faire un droit en ce qu'il faut que chacun soit entendu ; mais elle n'est, je le répète, qu'un vain son, s'il est question de pouvoir : et c'est étrangement abuser des mots que de les faire ainsi passer du sens passif au sens actif. Le pouvoir, pour répondre à l'idée qu'il

toute créature humaine réclamant assistance ,
viendrait jurer soumission et recevoir en retour
l'appui de la justice et de l'autorité. Disons-le

présente , doit maîtriser les obstacles et forcer les opposans
à lui obéir ; s'il en est autrement, il est impuissance. Cette
remarque est d'autant plus importante , que *l'équilibro-
manie* , qui s'est emparée de nos écrivains, leur fait voir,
dans tous les gouvernemens possibles, les trois pouvoirs
monarchique, aristocratique et démocratique , se concer-
tant entre eux pour régir la chose publique. A ce compte,
le Divan est sans doute le pouvoir aristocratique de l'empire
ottoman , et le Landamman, ou l'Avoyer de Glaris , est
le monarque du canton, Cependant, comme le Divan est
révocable à volonté , et que le Landamman n'a qu'une
autorité temporaire et dépendante, je pense que le bon
sens finira par remporter la victoire, et que les peuples de
Turquie et des petits cantons suisses continueront à se
regarder comme gouvernés par un seul pouvoir, ayant
pour l'exécution de ses volontés des agens subordonnés.
Je sais qu'on prétendra que le Divan ou le Landamman
ne sont pas étrangers aux résolutions du souverain, que ,
secondés par la religion, par les mœurs, ou par la considération dont ils jouissent, leurs avis peuvent souvent apporter des obstacles , tels que le Sultan ou le peuple soient
arrêtés dans ce qu'ils projettaient. Ce sont là des influences
morales; ce n'est pas le pouvoir politique à qui seul appartient de dire : je veux et j'ordonne. L'avocat dissert et
instruit n'est pas inutile dans le palais de la justice; mais
le juge tient la balance et décide, et c'est en lui que réside le pouvoir. Les intentions de M. Fiévée sont pures ;
mais il nous ramènerait, sans le vouloir, aux litiges, aux

donc, si toutes ces idées de représentation dont on a fait un si fatal usage dans les modernes théories, si ces idées pouvaient avoir quelque

conflits et aux désastres de 1789 : ce n'est pas ainsi qu'on finit une révolution, c'est ainsi qu'on la recommence.

Une particularité bien remarquable est de voir l'adversaire de M. Fiévée, dans le *Journal général de France*, du 5 septembre dernier, tomber dans les mêmes défauts dont il fait la critique. Il parle de pouvoirs, et, confondant à son tour les mots et les idées, il semble ignorer ce qu'est un pouvoir. Il entre aussi dans une dissertation très-étendue sur l'assertion de M. Fiévée, que les sociétés ne recommencent pas. Il va même jusqu'à régler ce qu'on doit entendre par société, et il ne saisit pas mieux que ne le fait l'auteur qu'il combat le sens que ce mot renferme, lorsqu'on veut y attacher quelque idée raisonnable. Il établit cependant, il faut l'avouer, des distinctions qui sont des commencemens de vérité ; mais à peine a-t-il fait quelques pas vers la lumière, qu'il rentre incontinent dans une nébulosité de principes et surtout de conséquences, qui pourrait lui faire appliquer l'adage où l'on conseille au médecin qui veut guérir les autres, de commencer par se guérir soi-même.

Dans une de ces distinctions, il consent à regarder la société comme l'ensemble des lois qui régissent un peuple ; alors il avoue que, par les révolutions qui détruisent ces lois, la société a cessé d'exister ; mais, ajoute-t-il, c'est pour recommencer d'exister sous une autre forme. Jamais on n'a pu dire, quand on se pique d'exactitude dans le langage, qu'une société est un ensemble de lois ; mais on approche de la vérité, en disant que c'est une réunion sous

application raisonnable , ce serait envers lui seul.
Peut-être serait-il possible de soutenir avec quelque fondement que sa haute fonction de protec-

cet ensemble. Seulement il manque un mot à cette définition : il faut que la réunion soit obligée, autrement,
elle n'est qu'un rassemblement dont chacun se sépare
quand il lui plaît. Or, si l'on veut considérer la société
politique comme fondée sur des bases semblables à celles
des sociétés civiles ; nulle obligation d'être et de demeurer
associés , nulle société en un mot, sans engagemens
préalables et réciproques des membres de cette même
société. Dès lors, les sociétés ne cessent pas et ne recommencent pas ; non, comme le dit M. Fiévée , parce qu'admettant toujours de nouveaux membres, elles ne sont jamais
interrompues , mais parce que dans les évènemens dont on
veut parler elles ne disparaîtraient que par le manque de
foi de certains associés , et que le manque de foi en justice
n'empêche pas les engagemens de subsister. Remarquez
aussi que ce n'est pas une expression heureuse que de dire
qu'une société est une réunion sous un ensemble de lois ;
il est beaucoup de lois qui peuvent changer sans que
pour cela la réunion cesse d'être obligatoire. La vraie
définition d'une société *civile* est celle d'une association
formée par un acte, ou, si l'on veut, par un pacte fondamental ; le notaire ou l'officier public rédige les conditions qui servent de base à cette association : tous les
changemens et règlemens postérieurs qui ne sont pas contraires à ces conditions sont admissibles. Cette base, qui
demande une accession unanime, et qui devient inviolable
sans la même unanimité, n'a pas besoin de renfermer
beaucoup d'articles. Dans les sociétés politiques , elle se

teur de tous ses sujets , doit lui concilier le titre
de représentant commun de leurs intérêts. Remarquez que je ne dis pas représentant de leurs

réduirait assez volontiers au genre d'autorité sous lequel
chacun vient s'unir à ses concitoyens : *c'est le point qui,
par son importance, est le gage de l'association.*

Une autre manière d'envisager la société politique est ,
suivant M. Auger (c'est le nom de l'adversaire de
M. Fiévée), de n'y voir qu'une aggrégation d'habitans
unis . par des intérêts et des habitudes ; et alors, quels
que soient les évènemens et les révolutions, cette société ne
cesse jamais d'exister, c'est l'interprétation que M. Auger
semble définitivement adopter. Mais si je ne me trompe ,
les citoyens de Bâle et d'Huningue sont voisins , habitent la
même vallée , ils ont entre eux des rapports non interrom-
pus de parenté , d'amitié ou d'affaires ; donc ils sont de
la même société. C'est assurément ce que n'entend pas
M. Auger ; et cependant d'après les principes que j'ai développés dans mes précédens écrits, et que je désirerais
vivement qu'un homme de son mérite voulût bien méditer,
il a toute raison de ne commencer par voir qu'une aggrégation dans les habitans d'un même pays ; mais il s'égare à
un point qui m'étonne , lorsqu'à ses yeux une aggrégation
est synonyme de société. Moi-même, quoique je n'admette
de pacte social entre les citoyens d'un même pays que par
complaisance, et pour prouver aux partisans des idées révolutionnaires qu'ils sont condamnés par leurs propres
principes ; quoiqu'en un mot je mette une grande différence entre les sociétés formées par des actes civils et ce
qu'on appelle la société d'un peuple, je n'appellerai jamais
simple aggrégation , l'état d'une nation dont tous les ci-

intérêts communs, (la différence est extrême ; elle est la même qui règne entre les réalités et les abstractions). Mais d'abord, en y réfléchis-

toyens vivent sous le lien commun de l'autorité à laquelle ils ont individuellement promis obéissance et fidélité ; leur réunion, par cet engagement universel, est *obligée* : c'est cette obligation qui associe inviolablement des individus qui, sans elle, demeureraient politiquement indépendans les uns des autres, puisque, dans la réalité, aucun d'eux n'a fait ni même songé à faire des promesses d'union réci-proque aux habitans de la contrée où la Providence l'a placée. Dès là, M. Auger doit voir combien nous diffé-rons l'un de l'autre ; car, pour lui, la forme du gouver-nement est une idee accessoire dans l'aggrégation. Si ce gouvernement est changé, cette aggrégation n'en existe pas moins ; et pour moi, ce gouvernement est au contraire le lien du faisceau ; avec lui existe l'union, ou, en d'autres termes la société, suivant l'acception que ce mot doit prendre en politique ; et sans lui on n'a plus, suivant l'expression même de M. Auger, qui alors est de toute justesse, qu'une aggrégation où nul individu n'a de droit sur un autre. Lorsque ce gouvernement disparaît, c'est presque toujours par la révolte de ceux qui lui devaient obéissance : alors il n'en recommence point d'autre *qu'il-légitimement pour ces rebelles*, les devoirs continuent, et, dès que la justice vient ressaisir son sceptre, on doit lui prêter secours. Eloignez ces principes, vous retombez in-continent dans les notions vagues et contradictoires que M. Auger reproche à M. Fiévée, et dont lui-même il est bien loin d'être exempt.

Je sais que dans cette discussion nous avons marché sur

sant bien , et en se rappelant ce que j'ai dit précédemment , ce titre de représentant conserve
toujours par lui - même l'obligation de défendre
invariablement la chose représentée , ce qui concorde mal avec l'administratiou intérieure qui
impose au Monarque la nécessité de juger et de
porter des résolutions entre les divers intérêts ,
et par conséquent , s'il les représente tous , de

des charbons ardens pour les personnes qui se sont figuré
que nos révolutions modernes pouvaient avoir quelque légitimité. Leur préoccupation, pour de faux systèmes, leur
servira toujours d'excuse lorsqu'on réfléchira à la difficulté
de trouver la vérité dès qu'on s'est engagé dans les voies
de l'erreur. M. Auger, en détournant les yeux des points
vraiment décisifs dans les questions dont il s'agit, aurait-il
cherché à ménager des esprits orgueilleux qu'il aurait craint
d'aliéner , en leur montrant à quel point ils se méprenaient.
Les sentimens qu'il a manifestés dans les cent jours, me
font présumer que j'ai bien jugé l'esprit dans lequel il a
rédigé son article. S'il n'en est pas ainsi, et qu'il ait encore les idées offusquées et embarrassées par des préventions puisées dans les doctrines du siècle qui vient de
s'écouler, je lui dirai : voyez les conséquences où ces
doctrines nous ont conduits, et les subversions toujours
renaissantes qu'elles ont autorisées. Arrêtez-vous enfin
devant l'expérience ; revenez au doute, portez l'examen
jusque dans le fond et dans l'origine des choses ; et pensez
que, si l'on a pu dire à l'écrivain que vous combattez :
*ce n'est pas ainsi qu'on finit une révolution , c'est ainsi
qu'on la recommence*, la lecture de votre article peut sug-
gérer ces mots : *c'est ainsi qu'on la continue.*

frapper et de ressentir. Et en second lieu , ce même mot de représentant est tellement inséparable d'une idée d'infériorité et de dépendance envers celui qui est représenté ou dont on représente la chose , il suppose tellement le besoin de ratification de la part de ce même représenté dans tout ce qu'on décide à son égard sans son intention , que je le regarde comme entièrement au-dessous de la majesté du Monarque. Ainsi , quoique par l'universalité du caractère royal , le Roi puisse être considéré , avec bien moins d'absurdité que ne le seraient des députés , comme le représentans de tous ; quoique ce titre en le dégageant de l'inconvenance des ratifications impraticables dont je viens de parler , et qu'entraîne l'acception ordinaire du mot ; quoique ce titre , dis-je , semble même fort convenable dans les relations de guerre et de paix avec les peuples étrangers , parce que cette fois les intérêts menacés tous par le même péril , perdent leur variétés et deviennent ou doivent être censés devenir communs à tous les compatriotes ; quoique enfin un pareil surnom ne fut pas inutile dans certaines occasions pour rappeler aux Rois leur devoir et l'identité de personne que leur fonctions doivent leur apprendre à former avec leurs moindres sujets , je le bannirais même du seul emploi où la science politique peut en faire

usage sans blesser ouvertement les règles les plus
simples de la raison. Quant à ces représentans
qu'élisent les départemens , et qui représentent
dit-on, des intérêts vus en généralisation , il est
évident que je les range avec ces sublimes inven-
tions de représentans de nations tout entières
dont nous avons fait de si fortunés essais. Ils
tendent encore plus fortement et plus nécessairement que ces derniers , à s'arroger le droit de
prononcer despotiquement sur nos destinées , à
marcher les égaux de la royauté et à en devenir
les destructeurs. En un mot, ce que je trouve de
particulier dans leur création, je le dirai fran-
chement ; c'est encore un peu plus d"idées confuses et de logique erronée que dans l'invention
des autres.

CHAPITRE XV.

Les principes sanctionnés par l'opinion des grands-hommes, sont les souverains du monde. Ils ne sont pas toujours vrais. Il faut renoncer aux mots qui ont été la source de fausses idées. Les députés appelés à des fonctions législatives, ne sont pas autorisés à s'instituer représentans, quand bien même leurs décisions seraient d'accord avec les intentions de ceux qui les ont nommés. Cet accord n'est que précaire et éventuel. Le nom qui leur convient est celui de magistrats politiques.

D'après les dangers qu'offrent à mon imagination les notions mal définies et les théories vagues dans leurs expressions, mais cependant très-importantes dans leurs conséquences, que je viens de réfuter, on ne me saura pas mauvais gré de la longue dissertation où je suis entré. Je ne me sens point du tout porté à laisser le champ libre aux doctrines qui pourraient, même contre la volonté de leurs auteurs, nous replonger dans les révolutions, et je ne suivrai pas l'avis philantropique de plusieurs journaux, qui veulent qn'on s'abstienne de réagiter les anciennes questions, et qu'on circonscrivît toute discussion dans les limites de la Charte. C'est précisément parce que je veux le maintien de ce gage de la félicité publique que je cherche de toutes mes forces à écarter les interprétations et les extensions démocratiques, qu'au grand scandale des bons Français, la plupart des livres nouveaux et même des feuilles pérodiques, ne cessent de se permettre. Pour en détruire l'effet autant qu'il est en moi, mon premier soin a dû être nécessairement de démontrer le néant de certaines locutions banales, dont le vulgaire est loin de soupçonner la perfidie, et je n'ai pu me dispenser de remonter jusqu'aux notions primordiales, mais fausses, d'où elles sont sorties. Je sais, aussi bien que les écrivains du jour, que les principes sont les souverains du monde; mais j'entends par ce mot des bases de raisonnement et de conduite universellement reçus, et non ces assertions sentencieuses avec lesquelles ces messieurs prétendent gouverner et fixer cette opinion légère et versatile qu'ils proclament dominatrice des peuples et des rois. Les principes dont je parle ont plus de constance et d'universalité ; on les voit régner pendant des siècles entiers ; ils ne sont pas toujours vrais , mais ils ont tous l'avantage d'être sortis de la création , et d'avoir obtenu la sanction des grands hommes ; rien ne leur résiste , tant qu'on ne doute pas de leur vérité. Les clauses les plus formelles sont éludées lorsqu'elles leur sont opposées, et ils ont bientôt enfanté une jurisprudence politique ou civile bien plus forte que toutes les lois. La Charte périrait elle-même si ces principes qui fomentèrent notre fatale révolution , n'étaient pas enfin contredits. Il faut les détruire, *delenda est Carthago* , *delenda sunt principia*. Leur destruction est facile maintenant. C'est en vain qu'ils ont ébloui tant d'auteurs célèbres ; l'expérience et le raisonnement qui peuvent désormais se faire entendre, parleront plus haut que leurs apologistes. Un peu de constance encore, ils seront jugés comme ils méritent de l'être, comme de funestes inepties. L'Europe rougira de l'étonnante incohérence des idées qu'elle a laissé prédominer; et, comme les mots ont eu une grande influence sur ces idées, elle sentira la nécessité de fixer la valeur de ceux qui sont connus par des usages calamiteux, et de les bannir quand il est impossible de déterminer leur sens d'une manière quelque peu raisonnable. M. Fiévée a présenté le combat pour sauver les mots de

représentation et de représentans , et j'ai cru devoir l'accepter. Quand le fil de mes ouvrages en
serait interrompu , je poursuivrai sans relâche les
expressions dangeréuses partout où je les trouve-
rai , et tant que ma voix pourra se faire entendre ,
j'en prends l'engagement solennel , je renouvelle-
rai dans tous les momens favorables la proposition
que j'ai déjà faite à l'auguste assemblée dont j'ai
l'honneur d'être membre , de ne plus nous servir de termes qui n'ont prévalu qu'aux jours
d'horreur que la convention nationale a fait luire
sur la France (1). J'espère qu'enfin je les verrai
pour toujours relégués dans les actes et procurations civiles dont ils n'auraient jamais dû sortir ; le gouvernement monarchique ne disparaî-
tra pas dans la pensée des sujets , parce que le
prince aura fait concourir deux assemblées aux
résolutions législatives , et nous n'aurons pas
toujours à redouter dans la prétendue réprésenta-
tion nationale un pouvoir chimérique , éclos du
rêve insensé d'une méthaphysique populaire , et
toujours tout prêt à se mettre en balance avec
l'autorité souveraine pour l'écraser ensuite sous

______

(1) La convention nationale est la première assemblée
qui ait osé, en France, outrager ouvertement le bons sens et
la vérité, en donnant à ses membres le titre de *Représentans du Peuple.*

le prétexte tout-puissant de son origine mensongère.

Un dernier scrupule, pour répondre à toutes les objections, m'engage à faire remarquer que des députés, dès qu'ils entrent dans des fonctions impératives à l'égard des commettans, ne peuvent, pour se targuer du titre de représentans, tirer aucune raison valable de la conformité qui doit quelquefois se rencontrer entre leurs décisions et les intentions des personnes qui les ont élus. Cette conformité n'est jamais qu'éventuelle, et ne saurait les rendre *représentans*, plus que ne le sont les chefs de tous les gouvernemens, quels qu'ils soient, héréditaires ou électifs, monarchiques ou républicains, lorsque les ordres qu'ils donnent s'accordent avec le vœu de ceux qui doivent les exécuter ou y obéir; et si l'on refuse d'admettre la liberté despotique, parce qu'en effet, cette liberté n'est que précaire, et qu'elle ne subsiste qu'autant que le prince la laisse fleurir, il faut renoncer pareillement à imaginer des représentans et une représentation, quand bien même par momens, les députés-gouvernans porteraient des décisions concordantes avec ce que veulent les gouvernés. Il y a parité entre les deux hypothèses; et la dernière conclusion qu'il faut tirer de toutes ces considérations, est de revenir à ce que j'ai déjà amplement discuté dans le chapitre précédeut, que les députés appelés à concourir à la création des lois , dès là qu'ils ont des résolutions à prendre sur les intérêts divers de leurs concitoyens , en perdant la passivité de représentans, ne sauraient en porter le nom , et que la qualité d'arbitres ou de magistrats politiques est la seule qui leur convienne.

CHAPITRE XVI.

Le germe des principes développés par Montesquieu , existait avant lui. On trouve plusieurs fausses maximes dans Rollin, Massillon et Fénélon. Citations de quelques-unes. S'ils avaient été nos contemporains, ils auraient porté leurs regards dans une autre direction. Montesquieu n'a écrit que de pures spéculations. Lui-même en aurait reconnu l'erreur, s'il eût pensé qu'on dût les mettre en pratique.

Tout ce que je pouvais ajouter aux dissertations de mes précédens écrits contre le système des prétendues représentations nationales , est maintenant épuisé. Les questions sur cet objet sont si claires en elles-mêmes, les objections contre la représentation demandent si peu d'efforts pour être aperçues, les solutions sont tellement dictées par la plus simple raison, qu'on ne peut, ce me semble, s'étonner assez que Montesquieu, moins éclairé en cela que J.-J. Rousseau, ait parlé de représentans en matière politique, comme si l'existence de ces êtres contradictoires ne souffrait pas de difficultés. Il est à croire que les préjugés qui plus d'une fois offusquèrent cet esprit si pénétrant, et qui, par exemple, lui cachèrent toute l'incohérence de son système sur l'indépendance des pouvoirs, lui dérobèrent aussi toutes les incompatibilités de la partie républicaine et prétendue représentative de son édifice.

Il est vrai que ces préjugés étaient déjà les idées dominantes du temps où il vivait. Les esprits, frappés de quelques abus inséparables des choses humaines, toujours prêts à méconnaître la nécessité d'une direction unique, toujours pleins de la présomption qui nous persuade que nous gouvernerions mieux que le maître, et toujours en garde contre le côté d'où se fait sentir le pouvoir; les esprits, dis-je, fermentaient déjà dans des pensées voisines de la démocratie. L'anarchie n'avait rien d'effrayant pour quiconque avait placé la sagesse au milieu du peuple. Déjà, dans la secrète pensée des contemporains de Montesquieu, la folie et les flatteurs n'habitaient que les cours et les conseils des rois, et le délire des résolutious populaires, et la bassesse des adulateurs odieux d'une tourbe méprisable leur étaient entièrement inconnus. Ils se ressentaient d'un genre d'éducation qui nous fait encore souvent éprouver ses tristes effets, et dont l'origine remonte à la renaissance des lettres. L'imagination des voyageurs s'exalte lorsqu'ils parlent des pays qu'ils ont parcourus ; tout ce qu'ils en rapportent est digne d'envie : de même tous les exemples, livrés à l'admiration des peuples depuis près de trois siècles, étaient puisés avec enthousiasme chez des nations républicaines, qui furent fameuses dans l'antiquité, et qui firent des actions mémorables, parce que (nous le reconnaissons aujourd'hui) elles étaient turbulentes, ambitieuses, avarés et passionnées. Enfin, l'époque où fleurissait Montesquieu était celle où sans aimer l'autorité du roi, on ne la lui disputait pas encore. Les devoirs que les orateurs de son temps et que ceux des règnes précédens retraçaient dans leurs discours, n'étaient que pour les têtes couronnées, et pour les grands qui commandaient en leur nom. Qu'auraient-ils dit aux peuples qui demeuraient tranquilles et passifs dans leur obéissance ? Aussi ne soyons pas étonnés que, même avant le célèbre publiciste qui a tant influé sur nos destinées, des hommes vertueux et éclairés, pour corriger les princes et les rendre dociles, aient fait entendre des maximes dont leurs yeux, fixés vers un seul point, ne pouvaient apercevoir le danger ou même l'erreur. C'est ainsi que le respectable Rollin penche visiblement, dans son *Histoire ancienne*, pour les institutions qui entravent la puissance des rois, et qu'à l'occasion de quelques gouvernemens des peuples de la Grèce, on le voit répéter plusieurs fois le mot fameux d'*équilibre* dans un sens d'opposition à l'autorité, comme si des balancemens incertains pouvaient inspirer quelque sécurité pour la durée du repos et du bonheur des nations ; comme s'il ne fallait point une impulsion déterminante, de quelque côté qu'on veuille la faire partir, pour nous faire sortir de l'inaction totale où nous plongerait un équilibre parfait, soit au moral, soit au physique ; comme si, enfin, ces mots employés dès le temps de Rollin, *l'équilibre de l'Europe*, n'auraient pas dû avertir que cette expression n'est bonne en politique que pour exprimer un état de choses où les puissances sont assez égales pour conserver leur indé-

pendance, subsister par elles-mêmes , et (il faut
en faire une maxime presque absolue ,) *ne concourir jamais à aucun but commun*. Nous
voyons aussi vers le même temps l'éloquent
Massillon prêcher devant le roi , que le choix
de la nation avait mis le sceptre entre les
mains de ses ancêtres , et que, comme la première source de leur autorité vient de *nous* , les
rois ne doivent en faire usage que pour nous ;
assertions très-voisines de la souveraineté du
peuple , et qui ne sont excusables que par le but
de leur partie morale, et peut-être par le désir d'opposer à une collectivité , envisagée passivement
jusqu'alors, une collectivité toute active propre
à humilier l'orgueil des rois , et à les faire rentrer en eux-mêmes. Mais cette collectivité n'en
était pas moins une idée fausse dans un sens
comme dans un autre. Si (ce que je ne pense
pas) quelques restes des temps barbares qui atta-
chaient les sujets à la glèbe , pouvaient encore ,
du vivant de Massillon , faire considérer les peuples comme la propriété des souverains , ce n'é-
tait pas une raison pour mettre les princes , par
un procédé contraire, sous le joug du même assemblage, et peut-être qu'un ministre de l'Évan-
gile aurait dû savoir mieux que tout autre ce que,
dès le commencement de cet écrit, j'ai fait remarquer : que Dieu dans sa justice n'a établi que des

individus, que les droits et les devoirs ne subsistent que chez eux , et qu'en se servant du pronom et du sens multiple *nous* , on ne change pas la condition des particuliers. Enfin , ce prélat si vénérable et si pur, qui fait l'un des ornemens du siècle de Louis XIV, Fénélon montre dans tous ses ouvrages une grande prédilection pour toutes les barrières que les institutions des différens peuples opposent au pouvoir royal. C'est de lui que nous vient cette maxime tant de fois répétée et , disons-le , vide de sens, qu'il faut que les rois aient une puissance absolue pour faire le bien , et les mains liées dès qu'ils veulent faire le mal. Ce sont ses propres expressions. Mais comment n'a-t-il pas vu que les mêmes puissances qui arrêteraient les rois dans le chemin du mal, pourraient aussi les empêcher d'avancer dans le chemin du bien? Ces puissances ne seront-elles pas des hommes ou des institutions humaines ? auront-elles l'infaillibilité et l'exemption des passions en partage? Je ne connais que Dieu et ses volontés de qui on puisse se promettre que le mal n'aura plus de pouvoir, et que le bien seul triomphera. La pensée de Fénélon , pour avoir quelque sens , se réduit donc à dire qu'il est bon , qu'il est indispensable que l'arbitraire des princes cède à la puissance des règles , que le plus grand bien illégalement opéré ne vaut pas la stabilité du moindre avantage que

procurent les lois, et qu'il peut même devenir un
très-grand mal, si, hors les momens d'extrême
nécessité, il accoutume à se passer de l'assistance des conseils, de la maturité des délibérations et de la solennité des formes.

Voilà, je n'en saurais douter, les points de
doctrine où seraient arrivés ces beaux génies,
ces nobles caractères, si des évènemens, semblables à ceux dont nous avons été les tristes
témoins, eussent dirigé leurs regards sur la partie
des vérités politiques qu'ils n'avaient pas contem-
plée. Je dis plus, ce sont leurs propres pensées
que j'exprime, et il ne leur a manqué que l'occasion de quelques interprétations et de quelques
développemens. Qui pourrait aussi se refuser à
croire que, surpris de douleur en voyant des
législateurs insensés et de haïssables factieux
s'emparer de son chapitre sur la constitution
d'Angleterre, Montesquieu n'en eût déchiré
tout ce qu'il dit de la puissance exécutrice et
du simple *veto* qu'il lui accorde? Qui ne pen-
serait qu'éclairé par les bouleversemens qui se
préparaient dès l'assemblée constituante, et qui
n'étaient plus un mystère, il n'eût publié, il
n'eût imprimé, il n'eût répété cent et cent fois
que jamais la nature, dans les corps exempts de
maladie, ne sépara la volonté et l'exécution;
que jamais la main qui opère n'eût la faculté

d'être en opposition avec la tête qui commande ; que, suivant la remarque sur laquelle j'ai cru devoir insister avec force, la distinction des pouvoirs n'est pas leur indépendance ; que la partie exécutrice, par son assujétissement nécessaire aux ordres et à l'inspection de la partie impérative, ne pouvait être qu'un simple instrument ; que cette vérité, si palpable, dégradait la nouvelle royauté, et devait la faire briser à la moindre résistance qu'elle se permettrait, ou à la première imputation de négligence ou de mauvaise foi qu'on élèverait contre elle ; qu'en général, toute cette théorie du balancement des pouvoirs n'était qu'un simple jeu d'esprit, sans aucune application réelle sur aucun point de la terre ; que par le fait, on trouvait toujours une prépondérance d'une part ou de l'autre, et que si, dans les temps ordinaire, on pouvait la voir sans un trop grand effroi ; tantôt passer du trône du monarque à la tribune des assemblées, et tantôt revenir de la tribune au trône, il fallait que par le droit elle appartînt au prince, pour qu'il en fît usage dans toute sa plénitude, lorsque le salut de son peuple le lui ordonnerait invinciblement.

Si jamais une tempête affreuse, prête à engloutir le vaisseau de l'Etat, obligeait à se ranger sous le pouvoir suprême du pilote, et à lui obéir avec la plus entière soumission dans les volontés et dans l'emploi de toutes les forces, c'était bien certainement à l'époque où j'aurais voulu que Montesquieu vécût encore pour qu'il jugeât lui-même sa doctrine, et qu'il en prévint les funestes effets. N'en doutons pas, tous ses regards, tout son espoir se fussent alors portés vers cette autorité royale, dont trop souvent il étudia le caractère dans des excès étrangers à nos temps de civilisation. *Videat rex ne aliquid detrimenti publica res capiatur. Caveat, provideat :* voilà les paroles qu'il eût proférées et les vœux qu'il eût formés jusqu'à son dernier soupir. Je le dis, en me faisant violence ; mais il est des momens où, lorsqu'on est pénétré de la vérité de ce qu'on avance, on doit avoir le courage d'élever la voix contre les admirations exagérées de son siècle : si dans les circonstances où je place Montesquieu il n'eût pas eu la grandeur d'ame de réduire à de simples spéculations les idées mal conçues dont ses contemporains voulaient faire des principes ; si, au moment qu'on les sortait d'un chapitre beaucoup trop fameux et qu'on essayoit d'en faire les bases d'un édifice politique, il ne leur eût pas donné le nom d'absurdités impraticables dans tous les temps et dans tous les pays, j'affirme, autant qu'il m'est donné de pouvoir juger d'un mérite supérieur, qu'il serait peu digne du nom de grand homme que tant d'ouvrages célèbres lui assurent, et que ses nobles sentimens lui ont acquis dans le cœur de tous les Français.

CHAPITRE XVII.

La Charte n'est pas dans l'esprit de Montesquieu. La Constitution de 1791 était l'application fidèle de son chapitre sur la Constitution d'Angleterre. Mes principes sont conformes aux dispositions de la Charte.

Je n'ai plus qu'un mot à dire sur toute cette question des pouvoirs, qui m'a entraîné dans une si longue discussion. Peut-être parce que la Charte parle de différens pouvoirs, des esprits superficiels s'imagineront-ils qu'elle est contraire à mes assertions, et que l'esprit même de Montesquieu revit en elle ? Ce serait, suivant moi, faire une injure grossière à la suprême sagesse qui l'a dictée et qui nous l'a donnée, que de lui faire partager les spéculations bizarres et les pensées hasardées d'un publiciste justement célèbre, mais dont les idées, dans l'immensité de ses travaux, ne portent pas toutes également l'empreinte de la réflexion et de la profondeur.

C'est la Constitution de 1791 qu'on retrouve presque littéralement dans le chapitre de Montesquieu, sur le gouvernement d'Angleterre. Il était impossible que cette œuvre de méfiance contre l'autorité tutélaire des rois pût avoir une longue durée ; et je crois en avoir donné des raisons péremptoires, en combattant les principes qui avaient présidé à sa création.

La Charte, au contraire, maintient l'autorité royale dans toute son élévation : elle parle bien de différens pouvoirs. Eh ! qui ne sait, en effet, que les lois ne se font pas comme elles s'exécutent ; que le militaire n'est pas le juge, ni le juge le ministre ? Mais la Charte ne laisse pas ces pouvoirs dans l'incohérence les uns envers les autres : elle consent à communiquer à deux Chambres une participation dans l'exercice de l'un d'eux, mais elle leur ôte le prétexte des origines populaires, en ne reconnaissant que des Députés sans mandats. Elle institue un grand nombre de moyens efficaces pour prévenir l'explosion des passions, ou pour interrompre leur cours. Enfin, elle parle toujours d'en haut, et pourvoit extraordinairement, s'il le faut, à la sûreté de l'Etat. Mes principes n'en sont-ils pas en tout point les fidèles interprètes ? et si, depuis deux ans, je ne vois de toutes parts que des feuilles et des écrits tout remplis d'arrière-pensées de démocratie mal déguisées, ou d'un relâchement trop suspect, n'ai-je pas droit, malgré les appels à l'observation de la Charte, dont tous leurs paragraphes sont couverts, d'adresser ces paroles à leurs auteurs : (1) « Vous qui, de même que moi, ne connaissez qu'un seul port de salut, mais qui le criez sans cesse lorsque je me contente de le dire, soyez donc les premiers à marcher dans la route qui vous est tracée, et à seconder les moyens de puissance qui sont expressément établis pour conserver et maintenir l'objet de votre affection. »

(1) Ceci est dit pour me débarrasser, une fois pour toutes, d'un certain jour sous lequel on avait présenté les premiers développemens de ma proposition du 18 janvier dernier. L'amour de la paix m'empêcha de relever plusieurs expressions qui faisaient entendre très-positivement que mes principes n'étaient pas conformes à ceux de la Charte. J'aurais pu démontrer qu'ils étaient les seuls qui fussent propres à la consolider, et que les extensions démocratiques étaient les vrais moyens de la détruire. Je crois devoir dire, à la louange de l'esprit public, que cette dernière vérité est regardée maintenant comme évidente. C'est pour éviter que des réfutations deviennent jamais des insinuations, que j'ai fait cette digression; et il me semble qu'il n'est pas difficile de prouver un véritable accord dans ma manière de penser et dans les vues aussi fermes que politiques qui, si j'en juge bien, se découvrent dans la Charte aux yeux d'un observateur attentif.

CHAPITRE XVIII.

—

Les expressions des adversaires de l'Auteur dénotent qu'ils appartiennent à l'école de Montesquieu. Il lui a fallu d'abord écarter les objections qu'on pouvait puiser dans les écrits de ce publiciste. Il revient maintenant au fond de sa doctrine, et aux prétendues réfutations qu'on en a faites. Alternative sur l'état de l'homme au commencement de la formation des gouvernemens.

AYANT énoncé des principes, dont plusieurs ont semblé assez peu connus pour me faire considérer comme novateur par quelques critiques, j'ai lieu de croire qu'on aura été surpris de me voir entrer dans de nouveaux combats avec le premier de nos publicistes, sans avoir commencé par répondre aux réfutations que l'on a voulu faire de mes principes. Voici la raison pour laquelle je n'ai guère parlé encore que de Montesquieu et de ses opinions. Très-souvent une seule expression technique, échappée à l'adversaire qui nous attaque, indique l'école à laquelle il appartient, et oblige, si l'on veut produire quelque effet dans son esprit, de détruire d'abord les notions préalables dont se compose la valeur du mot qui nous a servi d'avertissement. Ce mot, qu'ont employé mes censeurs, et particulièrement les rédacteurs du journal qui a itérativement répondu à la doctrine que je professe; ce mot, dis-je, où je les attendais depuis long-temps, est celui de liberté politique, expression synonyme du droit de voter dans les assemblées publiques. Montesquieu s'en étant servi dans une matière où se trouvaient mêlées d'autres libertés plus réelles, je me suis vu dans la nécessité d'insister sur le principe que tout, en morale et en justice, devant aboutir à des individus, une liberté qui, au lieu de rendre chaque particulier maître de ses actions, le placerait dans un régime de précautions et d'entraves journalières, ne serait pas d'un prix inestimable. Or, ces gênes et ces précautions étant la conséquence inévitable des dissensions et des dangers qui résultent de cette portion d'influence imperceptible, mais discordante, que la liberté politique garantit à tout citoyen dans les affaires de l'état, il suit que cette même liberté ne nous retracerait que des idées pénibles et désavantageuses, si elle ne nous obligeait à tirer continuellement des ressources de notre propre fond , et à faire sortir du sein même des contestations , la vérité dans tout son jour , et quelquefois dans toute sa laideur. Mais cette utilité , voisine de l'anarchie , disparaîtrait si des mains habiles ne savaient faire dominer au milieu de ces débats une volonté ferme , constante , unique , et ne perdant jamais de vue le but qu'elle se propose : toutes ces considérations me menaient nécessairement à parler du gouvernement insulaire de la Grande-Bretagne , et je m'y suis engagé d'autant plus volontiers , que quoique nos mœurs et notre situation nous prescrivent , lorsque nous l'imitons , d'incliner plutôt vers la force que vers le relâchement , nous ne pouvons cependant nous dissimuler que , dans la forme extérieure des choses , il n'y ait sur plusieurs points , de grandes ressemblances entre notre Charte et la Constitution anglaise. Ce qu'il faut observer par-dessus tout dans les rapprochemens qui , depuis l'institution fondamentale que notre Roi nous a donnée , s'offrent tout naturellement à la pensée entre les deux pays , c'est de ne pas abonder lorsqu'il s'agit du nôtre, dans le sens des discordes et des factions. Et , comme il m'a toujours semblé que la théorie de Montesquieu marchait de toutes ses forces dans cette direction, j'ai cru , quelle que soit ma faiblesse , devoir l'attaquer en face. J'ai parlé avec

une grande franchise d'un auteur, que més adversaires citent avec une grande prédilection.
Il en est un autre dont on conserve encore un
grand nombre de principes, quoiqu'en général
on ne parle plus autant de lui qu'on le faisait
dans les premiers temps de la révolution ; cet
auteur est J.-J. Rousseau. Mes précédens écrits
ont été dirigés principalement contre sa doctrine. Les rédacteurs qui ont entrepris de me
réfuter, ont senti qu'il fallait entièrement l'abandonner, si l'on m'accordait le principe que,
« *par les lois de la nature, c'est le Gouverne-*
« *ment qui donne naissance à la société ; et*
« *non la société qui fonde le Gouvernement.* »
Ils ont réuni, en conséquence, tous lenrs efforts
pour renverser ce principe, mais j'ose leur prédire
qu'ils ne sortiront jamais victorieux de la lutte ;
ils sont cependant plus exercés que je ne le suis
dans l'art d'écrire, mais j'ai pour moi l'exacte
observation de ce qui se passe dans la nature.
En vain prétendent-ils me réduire aux simples
conjectures, lorsque je parle de l'origine des
choses. L'homme nous est assez connu pour
savoir ce qu'il doit faire, et comment il doit
agir dans les différentes positions où nous pouvons nous le figurer. Nos chefs-d'œuvre dans
tous les genres de littérature, n'ont pas d'autre
source que cette connaissance ; il n'est ques-

tion dans une pareille recherche que d'y porter un esprit exempt de tous prejugés. Les hypothèses sont très-bornées , et les conséquences sont rigoureuses.

Que parlé-je d'hypothèse ? il ne s'agit que d'une alternative que voici.

Les hommes se sont-ils rangés individuellement sous une autorité qui s'offrait naturellement à eux ?

Sont-ils tombés d'accord de l'instituer après avoir préalablement vécu en société ?

J'ai déjà traité fort au long cette question dans mes autres écrits. Ce que je vais en dire ne sera que pour arriver successivement à de nouvelles objections qui m'ont été faites , tant sur ce point que sur plusieurs autres qui y tiennent de plus ou moins près , et dont la réfutation , à proprement parler, ne commence qu'ici (1).

(1) Voyez les premiers développemens de ma proposition à la Chambre des Pairs, depuis la pag. 43 jusqu'à la pag. 45, et les développemens postérieurement publiés, depuis la pag. 5 jusqu'à la pag. 10.

CHAPITRE XIX.

Le gouvernement du père de famille , n'étant évidemment qu'une protection , serait trop favorable à la doctrine de l'Auteur; il l'abandonne. Les hommes se sont rangés individuellement sous une autorité protectrice ; en les supposant tous rassemblés dans une vaste plaine , la force des choses leur aurait fait suivre la même marche. Il en est de même de nos jours ; les liens de membre à membre sont directs dans les sociétés civiles ; ils ne sont qu'indirects dans les sociétés politiques. L'alternative du chapitre précédent est pleinement résolue.

N'étant pas convaincu de l'impossibilité que quelques nations ne soient formées de la réunion d'hommes épars dans les déserts , par une complaisance, peut-être trop molle pour les systèmes modernes , je n'ai point parlé d'une première famille ni du gouvernement modelé sur celui d'un bon père , et ce que j'ai dit, en général , sur la famille et sur son régime intérieur, se réduit à très-peu de chose.

On m'objecte, cependant, comme une assertion erronée, d'avoir avancé qu'un père pouvait continuer de gouverner, même lorsque ses enfans adultes se sentaient enclins à devenir pères à leur tour et à quitter son gouvernement. A-t-on oublié que les périls extérieurs empêchent, dès l'origine, les peuplades de se dissoudre ? Alors, qui règnera sur elle, si ce n'est le père des enfans et des petits-enfans ? Le fils aîné, qui, dès long-temps, aura été le second défenseur de la famille, ou à son défaut celui des autres fils que le père aura associé au gouvernement, ne perpétuera-t-il pas l'autorité? Et quand bien même les enfans de notre premier père auraient été assez ingrats pour l'abandonner, et pour aller loin de lui fonder de nouvelles familles, qui ne voit que, devenues bientôt étrangères les unes aux autres, elles formaient presqu'à l'instant même différens groupes où chacun des membres qui leur appartenaient, trouvait secours dans ses frères contre les entreprises extérieures, et *gouvernement* dans son père pour employer au salut commun toutes les forces réunies. Je n'insiste pas davantage sur cette marche de la nature. Elle part toujours du besoin de protection ressenti par les individus, besoin que je soutiens toujours être le premier mobile des actions de l'enfant, et même de son attachement pour sa mère. J'abandonne une manière de considérer l'établissement des Gouvernemens , qui me procurerait un trop grand avantage , puisque la monarchie s'y retrouve dès le premier pas presque dans toute sa perfection.

Je reviens à ces hommes épars dont on ne veut plus maintenant , et dont cependant on faisait tout dériver du temps de Jean-Jacques Rousseau.

J'ai dit que , lorsqu'un péril de la part de quelque ennemi venait menacer quelqu'un de ces hommes isolés , pour peu qu'il eût connaissance d'un autre homme plus fort ou plus intelligent que lui , il allait s'attacher en quelque sorte à ses côtés. J'ai aussi avancé que la crainte des bêtes féroces suffisait pour obliger les hommes à cette réunion ; mais le danger à courir de la part d'autres hommes étrangers et inconnus , pouvait aussi devenir un motif encore plus puissant d'effroi , de guerre , et par conséquent , de *gouvernement*. Enfin , on croit trouver une objection , en prétendant que l'inégalité , même des dons de la nature , doit empêcher qu'aucun homme , pour gouverner , se rencontre au-dessus des autres. *A* est plus fort , *B* plus intelligent, *C* plus éloquent : pourquoi *B* et *C* se soumettraient-ils à *A* , et ainsi de suite ?

Le premier minéralogiste , répliquerai-je , se

rait en état de faire la réponse. La molécule de l'extrémité des cristaux , est exactement sem-blable à celle du milieu ; cette dernière , cepen-dant, s'appelle intégrante , et c'est autour d'elle que toutes les autres sont venues se ranger. On ne voit de raison , à ce choix de la nature , que dans la nécessité qu'il y ait un commencement à tout , et dans les dispositions des eaux et des liqueurs qui, ayant apporté fortuitement, ce semble , une première molécule , a fait ensuite subvenir toutes les autres , pour s'y grouper successivement. De même les rassemblemens , autour de l'homme protecteur et régulateur , peuvent souvent être (et je l'ai dit dans mes pré-cédens écrits) le résultat de circonstances pure-ment accidentelles ; mais il est à présumer que les qualités de cet homme y seront originaire-ment entrées pour quelque chose. Ne croyez pas pour cela , qu'il soit le plus fort ou le plus in-dustrieux de la bande ; il est seulement l'origine du rassemblement. Il suffit qu'un très-petit nombre de faibles s'unissent les uns après les autres à un médiocrement fort ; l'athlète qui surviendra ensuite , sera obligé , s'il veut pro-fiter de la réunion , d'obéir à l'autorité déjà éta-blie ; et l'homme habile qui viendra encore aug-menter la troupe , sera forcé de borner ses es-pérances à devenir ministre , et , s'il veut être roi , il ne sera déjà plus qu'un factieux.

Ces vérités sont trop évidentes pour que je m'y arrête davantage.

Mais allons plus loin , et renonçons à ces rassemblemens successifs, puisqu'on ne veut plus les admettre. Consentons à imaginer des hommes réunis par une sorte d'instinct de sociabilité dans quelque grande plaine à l'abri de tous les dangers du dehors , et supposons-les sans famille ; car nous aurions déjà des gouvernemens partiels , et pour peu que quelques familles fussent plus puissantes ou mieux gouvernées que les autres , l'indépendance courrait le risque de bientôt disparaître. D'ailleurs , on ne veut que des hommes épris de la liberté et fort peu disposés , dès qu'ils sont adultes , à rester en famille ; et , enfin, il m'est assez égal de raisonner sur des individus ou sur des familles qui , ayant chacune leur chef, et , par conséquent , leur volonté , pourraient être considérées comme jouissant elles-mêmes d'une sorte d'individualité.

Où s'est-on figuré qu'il régnât dans ce grand attroupement un seul moment de l'âge d'or ? La propension à la sociabilité ne sera jamais au-dessus de l'égoïsme ; les amitiés ne naissent que dans les périls ou les entreprises communes. Un penchant animal peut , dans cette réunion barbare , porter les sexes l'un vers l'autre ; mais ne voit-on pas , incontinent , des rivaux en fureur se rapprocher bien plus de la condition des brutes que de celle de l'homme. Et même, quand je supposerais un peu plus de civilisation, en imaginant des familles rassemblées au lieu de simples individus, croit-on que des sujets de querelle ne se présentassent pas en foule dans cet assemblage confus ? Alors, que les uns prennent parti pour l'auteur de la dispute, et les autres pour le compétiteur ; voilà la guerre allumée et le gouvernement militaire qui s'introduit ; et, certes, on ne me contestera pas que chaque individu ou chaque famille sous son chef ne soit libre de suivre en pareille circonstance le parti belligérant qui lui convient, ou même de se retirer loin des coups de ces furieux, si on est assez heureux pour trouver quelque homme puissant qui sache faire respecter la neutralité. Personne, dis-je, ne me contestera cette liberté du choix dans le parti que chacun voudra embrasser ; car on ne se connaît pas encore, et l'on n'a point encore contracté ces liens si doux, mais, il faut le dire, si romanesques et si faux, qui, équivalent, dit-on, à des engagemens de ne plus se quitter, et d'en passer par tout ce qu'il plaira à la volonté générale d'ordonner de notre destinée. Il suit donc que le rassemblement, n'eût-il pas été successif, n'a pu avoir un seul moment d'existence sociale et obliga-

toire ; qu'il a passé incontinent à des gouvernemens distincts, et que ces gouvernemens, auxquels chaque famille ou chaque particulier est
venu s'attacher individuellement, ont été formés par l'extraction des élémens que confond le
chaos, et par la force de cohérence que ces
mêmes élémens ont contractés vers un point d'u-
nion concentrique ; marche commune, comme
on le voit, à la politique aussi bien qu'à la
physique. Ces considérations, et celles que
j'ai consignées dans més autres écrits, nous
autorisent à conclure sans réplique, j'ose le
dire, que l'autorité primitive n'a lieu que par
le fait et *par la soumission individuelle et jamais par l'institution* ; que la civilisation ne
s'introduit que par le gouvernement et par
l'ordre qu'il commence à établir ; que l'heureuse
concorde des premiers âges n'est qu'un rêve des
poëtes, et que les hommes n'ont connu la société qu'après avoir fait les mêmes guerres et par-
tagé les mêmes destinées dans les mêmes évènemens, et sous la même puissance souveraine.

Qu'on veuille bien maintenant reporter les
yeux sur l'alternative qui termine le dernier
chapitre, et je demanderai si on la trouve suffisamment résolue ?

Enfin, pour rendre ces vérités d'une application tellement universelle, qu'il soit impos-

sible de les regarder comme le fruit d'aucune hypothèse particulière, j'affirme que *de nos jours subsiste encore dans son entier l'état de choses* d'après lequel tous ces hommes que nous supposons rassemblés dans l'étendue d'une vaste plaine, se réunissent sous différens centres d'unité et de pouvoir. En effet, qui persuadera à un homme raisonnable que l'habitant de Marseille ait une telle prédilection pour l'habitant de Rouen ou de Strasbourg, qu'il ne connaît pas, et lui soit tellement lié d'amitié, qu'il veuille toujours suivre le même sort que lui, et tout régler d'un commun accord avec ce tendre frère, et que même il soit prêt à lui faire le sacrifice de sa volonté, si d'autres frères aussi dignes d'amour et aussi affectueux se rangent de l'avis qui exige ce sacrifice? Je renvoie pour l'examen de ces sentimens outrés, aux réflexions que j'ai faites en terminant les seconds développemens de ma Proposition du 18 janvier, et je me blâme moi-même d'avoir dit, à la page 10 de cet écrit, que le premier germe de la pensée des sociétés était venu d'engagemens communs sous un même gouvernement ; je ne m'étais pas suffisamment expliqué. Dans les sociétés civiles, on considère d'abord les personnes avec lesquelles on s'associe, et on prend *directement* des engagemens avec elles. Dans ce qu'on appelle les sociétés politiques, on ne pense que fort peu, et si les états sont fort étendus, on ne pense en aucune sorte à des associés et à des conventions avec eux ; on tourne ses regards d'un seul côté, vers la protection du Gouvernement ; c'est lui seul qu'on envisage, c'est envers lui qu'on *s'engage* ; si l'on cherche à se prémunir contre les abus de la puissance, c'est contre lui. On ne pense en rien dans tous ces actes à des engagemens plus ou moins absolus ou conditionnels envers ses concitoyens. S'il règne cntr'eux des habitudes amicales, des intérêts communs et un esprit de nation, puisés dans les mêmes travaux, les mêmes entreprises et la même direction, c'est à l'existence du gouvernement qu'ils le doivent. Ces derniers liens, il faut le dire hautement, afin de confondre d'un seul mot toutes les révolutions, ces derniers liens ne sont qu'*indirects* ; les considérer sous des rapports différens, c'est déraison, c'est mensonge. J'avais donc tort de ne point insister sur l'extrême distinction qu'on doit faire des sociétés, comme on entend ce mot dans l'usage habituel du barreau, et de la société prise pour la masse d'habitans vivans ensemble dans un même pays, sous un même gouvernement. Je me suis aperçu de ma négligence en relisant mon précédent écrit, lorsqu'il m'a fallu rédiger la note, *page* 83, contre les idées très-mal éclaircies, ce me semble, de MM. Fiévée et Auger. Je sais que ces idées sont encore malheureusement partagées par un grand nombre d'hommes, et que celles que j'énonce font reculer d'effroi tous ceux qui, ne connaissant pas l'importance des gouvernemens, ont pensé qu'on pouvait les renverser et les voir se succéder sans de graves inconvéniens ; mais la nature, qui ne perd jamais ses droits, a prouvé, par d'épouvantables désastres, combien il était téméraire de briser le lien universel qui unissait tous les habitans d'un vaste empire. Je n'ignore pas cependant la peine que pourraient éprouver des personnes timorées, en pensant que si ma doctrine est exacte, elles ont été rebelles lorsqu'elles croyaient n'être que dévouées aux vrais principes. La droiture des intentions fait évanouir la faute ; mais elles n'exigeront pas que, pour leur complaire, j'imite la logique de Buonaparte, qui prétendait que des actions répréhensibles étaient nécessairement des traits d'héroïsme, parce que la gloire de ceux qui les avaient faites s'y trouvait intéressée. Je leur dirai donc : « Le seul moyen d'être d'accord avec votre conscience, est de soumettre à un nouvel examen les fondemens de votre croyance politique. Toute paresse d'esprit serait condamnable. Vous avez vu tous les malheurs de la France ; j'en accuse vos opinions. Et que m'importe, après tout, de bouleverser vos idées, si vos idées sont des bouleversemens ? »

On le voit, ce n'est pas seulement pour les temps primitifs que l'alternative que j'avais posée est résolue, c'est pour tous les temps ; et il me paraît impossible qu'une solution puisse être portée plus loin.

CHAPITRE XX.

Comment il se fait que, dans certains pays, des maximes contraires à la doctrine de l'Auteur se sont introduites. Les Gouvernemens républicains ont pris leur origine dans des faits d'exception : ces faits mènent assez naturellement aux principes de la puissance obligatoire de la majorité. La plupart des Républiques sont sorties de Conspirations. Si, parmi les conspirateurs, les engagemens ont été directs, ils ne l'ont pas été parmi les habitans ; ceux-ci n'ont cherché, et leurs descendans ne cherchent encore qu'une protection. Ils s'y sont soumis, ou s'y soumettent individuellement, comme on fait partout ailleurs.

Puisque, dans les temps modernes, comme dans les temps les plus reculés, il se trouve que dans l'exacte vérité c'est le gouvernement qui fonde la société, on pourra m'objecter que mon principe, étant universel, aucune institution, parmi les hommes, n'aurait dû s'élever dans un sens contraire. Cependant, me dira-t-on, des maximes toutes différentes se sont introduites dans plusieurs pays ; et nous voyons des États républicains où l'on professe tous les jours les idées les plus opposées aux vôtres.

Je pourrais d'abord établir que, dans les États les plus démocratiques, si la monarchie n'est pas dans le gouvernement, elle est au moins dans les familles ; et qu'elle se trouve encore d'une manière plus frappante dans les aristocraties, puisque si celles-ci supposent, j'en conviens, dans leur origine l'accord de quelques chefs puissans : ces chefs, étant ou des pères de famille ou de petits princes, ne faisaient que des alliances ou des ligues d'autorité souveraine. Mais sans m'appesantir sur cette création, je remarquerai que ces gouvernemens, que je regarde comme de purs accidens, une fois en vigueur, trois choses s'en suivent : 1°. Que ceux qui se rangent sous leur protection, ne songent pas à contracter des liens de particulier à particulier plus qu'on ne le fait dans les monarchies : 2°. Que l'engagement, n'ayant lieu qu'envers l'autorité et le mode de gouvernement reçus, n'est point dissoluble par le vœu de la majorité, ce que l'on peut étendre même aux pays les plus démocrates ; en sorte que le canton de Schwitz ou d'Underwald ne pourrait, malgré la minorité, élire un roi et devenir monarchie, à moins que la toute-puissance de cette majorité ne fût reconnue de tous et un chacun en particulier comme un principe incontestable ; et 3°. Que certaines maximes ou formes accidentelles, peuvent aisément, dans ces pays, prendre de la consistance et passer ensuite pour fondamentales, lorsqu'elles n'ont été que le résultat de certaines circonstances. D'après les principes que j'ai développés dans mes différens écrits, la vérité des deux premières assertions est évidente ; c'est à la dernière qu'il faut m'attacher : elle doit servir de réponse à l'objection qu'on voudrait tirer de l'existence de gouvernemens où les principes reçus diffèrent de ceux que je professe.

Je viens de dire que l'aristocratie devait naturellement son origine à l'accord de petits princes ou de chefs de familles ; il est donc clair que lorsque ces chefs ou ces princes se sont liés, ils l'ont fait, non plus par le désir de rechercher la protectiou d'un homme plus puissant qu'ils ne l'étaient eux-mêmes, mais par le besoin de résister à quelque péril commun qui leur imposait la nécessité de ne point se séparer. Or, cette nécessité, une fois ressentie par chacun en particulier avec une volonté positive d'y obtempérer, et une autre volonté non moins prononcée de ne pas reconnaître de chef suprême, il est manifeste que pour parvenir à l'unité des résolutions, il ne leur restait qu'à compter les voix et à donner la prépondérance à la pluralité; et cet usage, consacré par le temps et façonnant les mœurs, devait, on le conçoit, devenir dans certain pays l'idée dominante d'après laquelle on jugerait tous les droits et tous les devoirs.

Mais je m'aperçois que je donne une source trop pure à ces coutumes et à ces axiomes qui ont failli bouleverser tout l'univers. Oui, sans doute, quelques patriarches, dans l'antiquité, quelques chefs de tribus nomades, dans des tems plus modernes, ont pu légitimement s'allier et se soumettre aux décisions de la pluralité, soit par un traité formel, soit par une habitude toujours la même et jamais contestée. Mais veut-on connaître l'origine la plus ordinaire de ces républiques si vantées, elle se trouvera le plus souvent, je pourrais dire presque sans exception, dans l'œuvre ténébreuse de conspirateurs traîtres à leur prince et rebelles à leur gouvernement. Lorsque des hommes orgueilleux, pénétrés tous de leur grande capacité et de la force de leur courage, et souvent liés déjà par la plus étroite amitié, se rassemblent dans une commune pensée pour renverser l'autorité souveraine, leur premier soin est de s'unir encore davantage par les sermens les plus terribles; l'égalité qu'ils portent dans leurs prétentions et la chaleur qu'ils mettent dans leurs délibérations leur permettent rarement de choisir d'autre voie que la pluralité pour se fixer dans leurs résolutions. Voilà donc deux bases qui s'introduisent, l'union indissoluble de tous et la puissance absolue de la majorité; et si ces conjurés réussissent, leurs procédés, passant en usage, de viennent bientôt des principes dont on ne connaît pas l'odieuse source, et qui s'embellissent sous une couleur populaire que bien souvent il a falu jeter sur eux dès l'époque des premières trames.

Mais, je le demande, ce but unique dans la pensée, dans cette identité d'entreprise, ce besoin de se connaître tous jusqu'au fond de l'ame, cette nécessité de ne plus se séparer qu'avec la vie, et par conséquent, s'il n'y a pas d'autre manière de s'entendre, d'en passer par toutes les volontés de la majorité, fussent-elles les plus imprévues, les plus tyranniques et les plus funestes, en un mot cet accord dans les intentions, dans les complots et dans l'attentat, se rencontre-t-il dans des êtres inconnus les uns aux autres, qui ne recherchent que justice et sûreté sous une autorité tutélaire, et qui, loin d'imiter les procédés et les engagemens du crime, ne savent que suivre l'impulsion individuelle de la nature.

Il suit de ces considérations que , si dans une origine souvent impure , des ligues de gouvernans ont fait prévaloir chez quelques nations , l'opinion de la toute-puissance de la majorité , ma doctrine ne peut souffrir la moindre atteinte des maximes qui d'abord n'ont aucune valeur contre quiconque est libre d'engagement et n'a aucune obligation de les adopter , et qui , en second lieu, ne supposent pas même un seul instant d'association directe d'homme à homme parmi les simples habitans du pays. En effet , que trouvez-vous dans la masse au moment de la formation de ces gouvernemens républicains ? des individus qui viennent de confiance s'attacher au point d'unité qu'on leur présente , et quant aux générations suivantes (je l'ai dit un peu plus haut, et je le répète), ce sont encore, à plus forte raison , des individus qui se rangent, comme ils le feraient dans des Monarchies, sous la protection du gouvernement établi , et qui promettent de le défendre. Nous retrouvons donc toujours notre principe , *protection* et *soumission;* il est de tous les temps et de tous les pays; et, si quelques accidens peuvent çà et là l'obscurcir, la nature reprend bientôt son cours et reparaît toujours aux yeux de celui qui l'observe sans préjugés.

CHAPITRE XXI.

L'histoire de tous les peuples prouve que la Monarchie a précédé la république. A peine, dans les continens de l'Afrique et de l'Amérique, trouve-t-on quelques traces de gouvernemens républicains. Les principes de l'Auteur n'admettent pas de droit sans justice. Il n'y a pas de droit, il n'y a que le fait du plus fort. La justice est un sentiment inné et actif en nous-mêmes ; le chef le plus sauvage en a le germe au fond de l'ame. La souveraineté de la multitude dont les philosophes nous ont proclamés esclaves, ne serait autre chose, si elle était praticable, que le droit du plus fort.

J'INVOQUE, on le voit, non-seulement ce qui a dû se passer lorsque l'autorité s'est établie parmi les hommes, mais encore ce qui se passe sous nos yeux ; la marche étant la même, ne peut nous présenter d'obscurité : aussi, mes adversaires, qui me reprochaient de me jeter dans les ténèbres des origines, n'auront-ils

bientôt plus d'autre ressource que de s'y enfon-
cer eux-mêmes, pour y trouver des faits qu'ils
puissent m'opposer.

Déjà même, pour prouver que les républiques
ont précédé les monarchies, ils ont cité Minos
plus ancien que Lycurque, et dont les institutions tenaient beaucoup du républicanisme;
mais Minos était un Roi, et qui plus est, un
législateur : je ne vois rien dans ces deux fonctions qui ressemble à l'autorité populaire et
collective ; et, tout ce qu'on pourrait induire
de ses lois, c'est que, fatigué d'abus qu'il avait
aperçus dans la royauté, et livré peut-être à
quelques préjugés contre elle, dont les causes
nous sont maintenant inconnues, il créa une
forme de gouvernement conforme à sa manière d'apprécier les choses ; mais la monarchie n'en précéda pas moins la république.
Quant à Moïse, dont l'exemple m'est pareillement objecté, je retrouve avant la loi écrite,
où certes le peuple n'est pas dépeint sous des
couleurs bien favorables ; je retrouve, dis-je,
un gouvernement patriarchal et nullement ré-
publicain dans le pays des Hébreux, et une
monarchie trop puissante pour n'avoir pas été
régulière, dans le pays d'Egypte. En un mot,
parcourez l'Afrique, pénétrez dans l'intérieur
de l'Amérique, la république y est généralement

ignorée. A peine quelques vestiges incertains ou mal connus , tels que l'ancienne Tlascala dans le Mexique , attestent-ils qu'un petit nombre de gouvernemens républicains y ont pareillement existé ; et dans toutes les contrées de ces vastes continens les hordes sauvages , sous l'autorité guerrière de leurs chefs, prouvent incontestablement le besoin d'agrégation autour d'un centre commun pour se défendre et pour attaquer , besoin qui , dans tous les temps , fait le principe des gouvernemens , et qui , chez les peuples primitifs bien plus que chez les peuples civilisés, est inséparable du despotisme militaire le plus absolu et le plus contraire à l'incohérence démocratique.

Mais enfin , me dira-t-on , si l'on était forcé par le raisonnement et par le fait, d'adopter votre manière de voir , ne serions-nous pas ramenés à ce droit du plus fort, que toute ame honnête ne peut admettre sans une répugnance invincible? On ne voit plus, d'après vous, que des chefs qui sont investis du gouvernement, parce qu'ils sont puissans ; on les voit régner suivant leur caprice; on cherche en vain la dignité de l'homme dans ces malheureux tout tremblans qui viennent implorer le secours d'un dominateur qu'ils détestent peut-être; et toute la consolation qui nous reste est de pleurer sur la triste condition de tout le genre humain qui ne peut se partager qu'en deux classes, les maîtres et les esclaves.

Rien de plus faux que cette conclusion.

Il est sans doute dans l'ordre établi par la Providence, que le plus fort l'emporte toujours; mais cette victoire n'est qu'un *fait*, elle n'est pas un *droit*, distinction de la plus haute importance en morale.

Pour que ce droit ait son accomplissement, il faut qne l'équité se rencontre avec le fait, car le sentiment de la justice n'est pas inutilement dans notre ame.

Je prouverai, dans un autre ouvrage, que ce sentiment tient au fond de notre être; qu'on ne peut le ranger au nombre de ces sensations passives qui nous viennent du dehors ; qu'il accompagne la *réaction* des jugemens sur les idées ; qu'il est un plaisir ou une peine suivant que les faits extérieurs sont d'accord avec ce qu'il nous fait désirer ou craindre; que sans lui on n'aurait chez aucun peuple ni la pensée ni *le mot* de justice ; qu'il est inné en nous, et qu'il condamne, par son existence, Locke, Condillac et tant d'autres auteurs célèbres qui, en ne considérant notre être que dans la passivité des impressions matérielles que nous recevons, ont oublié la moitié la plus importante de leur science, *l'acti-*

vité et la *puissance* qui tiennent à l'essence même de notre nature.

Or, ce sentiment puisé en nous-mêmes, ce sentiment inné se mêle à toutes nos pensées, et c'est lui qui, dès le premier jour, me dit clairement que je dois protection à l'homme qui vient l'implorer, et qui me procure l'utilité de ses services pour ma propre défense; par conséquent, si je me sers de lui pour lui nuire, je produis un fait, mais je n'use pas d'un droit, et je trompe inhumainement l'attente de ce malheureux. Voilà ce que, dans les temps les plus barbares, le prince le plus sauvage sent au moins confusément en lui-même; voilà ce que l'adoucissement successif des mœurs fait prédominer de toutes parts. Si quelqu'un a essayé de consacrer le droit du plus fort, ce sont les philosophes qui nous ont rendus et proclamés esclaves d'une majorité aussi aveugle que cruelle (1); mais assurément, les

(1) Remarquons de plus que la nécessité de se soumettre au plus grand nombre, nécessité que nos politiques voudraient puiser, je ne dis plus dans le droit, mais dans le fait de sa force, ne porte pas avec elle un degré de conviction bien puissant; car qui peut compter une multitude qui varie toujours? Qui ne connaît la versatilité du peuple, et qui ne sait qu'une force peu considérable, mais une et bien dirigée, triomphe aisément d'une foule divisée? Il est donc salutaire de fonder le pouvoir sur quelque chose de plus stable que le nombre. Les révolutionnaires ont

principes que je professe ne sanctifient pas la force , car, en les suivant , le roi de la nation la plus civilisée, comme le chef de là horde la plus grossière, voit son droit expirer dès qu'on s'aperçoit que l'iniquité commence.

CHAPITRE XXII.

Dans quelque main que réside le pouvoir , il est absolu pour celui qui obéit : il est arbitraire , lorsqu'il n'a d'autre règle que la volonté du Souverain. Dieu ne se prescrit pas de lois. Le pouvoir arbitraire chez l'homme, quoiqu'il soit à propos de s'en garantir , n'est pas cependant livré au hasard , au degré qu'on se le figure ; on trouve la preuve du contraire dans plusieurs monarchies de l'Europe, qu'on regarde comme despotiques.

Cependant , va-t-on répliquer encore , malgré de si belles maximes, vous ne nous en livrez pas moins à l'arbitraire des rois. Que nous importe

fait pour eux-mêmes une triste expérience de l'oubli de cette précieuse vérité ; et ils sont à plaindre d'avoir ignoré que la première base de toute puissance est le bon ordre et la justice.

que , de droit , nous ne soyons pas esclaves ; si de fait nous portons des fers ?

Mais, d'abord, où voit-on que l'arbitraire dans l'autorité des rois, soit l'objet de mes désirs, et de ma sollicitude ? n'en ai-je pas fait , dans les axiomes que j'ai posés dans mon premier écrit, l'une des deux extrémités que nous avons à craindre pour notre liberté ? Seulement, il y a des circonstances où je ne vois momentanément que lui seul, pour remède aux maux de l'État, qu'une prolongation d'anarchie ferait immanquablement périr ; mais qui fait naître ces circonstances ? les systèmes que je combats. Vivez en paix dans vos institutions et dans les mœurs qui les rendent inébranlables , et jamais l'arbitraire n'étendra son règne sur vous.

Sans doute , si le malheur des temps oblige d'y recourir, j'en gémis autant, et plus que ceux qui se permettent contre lui les plus fortes imprécations; mais je ne m'ôte pas, par une crainte souvent affectée, le seul moyen de salut qui s'offre à mon esprit : cela veut-il dire que j'aime le despotisme, et que j'en sois zélé partisan ? Quel est donc ce mot si terrible qui, dès qu'on le prononce, doit fermer la bouche aux amis de l'ordre et du sens commun ? Pour moi, je le déclare, ce ne sont pas les mots, ce ne seront pas même les actions qui m'imposeront silence.

Comme il existe, en effet, certaines monarchies où le commandement est très-orgueilleux, l'obéissance très-servile, et la punition très-rude, et comme ces gouvernemens s'appellent *despotiques*, il suit que partout où l'on voit le pouvoir *absolu* dans les mains d'un prince, et que ce pouvoir déplaît, on use d'hyperbole, et l'on crie au despotisme; mais, outre que le pouvoir, qu'il réside dans un seul, dans plusieurs ou dans le grand nombre, est toujours absolu à l'égard de ceux qui doivent obéir (ce qui diminue déjà beaucoup de la haine exclusive qu'on voudrait diriger contre l'autorité du Roi), comment se fait-il que l'esprit de parti ait été assez fort pour dénaturer le mot de despotisme, jusqu'à le rendre synonyme de toutes les injustices et de toutes les violences? (1)

(1) Cette confusion dans les idées est si forte lorsqu'on se sert du mot de despotisme, et on regarde cette expression comme tellement identique avec la violence, que, dans le dernier écrit que j'ai publié sur ces matières, j'ai été obligé de faire remarquer que toute violence n'est pas despotisme; que l'homme qui me heurte dans la rue, avec le dessein de m'offenser ou de me faire quelque forte contusion, n'est pas un despote, mais un insolent. Pour qu'il y ait despotisme, il faut que les voies de fait viennent du

Ne pourrait-on pas citer un grand nombre de monarchies en Europe, où les habitudes des princes et des sujets sont très-douces, et le bonheur très-réel, et qui n'ont aucune différence marquante, je ne dis pas pour les mœurs, mais pour la plénitude de l'autorité, avec les gouver-

Souverain. Quoi! m'objecte-t-on, faut-il les respecter ces voies de fait, et sont-elles plus légitimes parce qu'elles viennent d'un potentat, que si elles venaient d'un goujat? Je ne dis pas cela, elles ne sont pas respectables en elles-mêmes; mais la morale la plus austère conviendra que je ferai très-bien de me contenter de fuir les mauvais traitemens du Souverain, tandis qu'il me serait peut-être loisible de donner d'utiles leçons au goujat. Voici la raison de cette grande différence : le respect pour la personne d'un rustre n'importe que médiocrement à la chose publique, l'irrévérence envers le prince, si elle s'introduisait, deviendrait une calamité. C'est par ce motif que, dans aucun pays, on ne s'en prend à la personne du Monarque de l'injustice qu'on éprouve; tout serait perdu, sans cette inviolabilité; le prince, qui est l'homme de tous, ne peut être attaqué par qui que ce soit au monde. Les moindres atteintes à ce principe, deviennent des parricides, et le désespoir des peuples, lorsqu'ils se sont permis de venger les oppressions, même les plus violentes, a toujours eu l'aspect d'attentat.

Si j'ai été obligé précédemment de poser en principe que toute violence n'était pas despotisme, je suis maintenant forcé de faire sentir que tout despotisme n'est pas violence, tant ce sujet est encore rempli de profondes ténèbres, que les passions y ont répandues avec profusion.

nemens qui réveillent chez nous de si haineuses pensées ? Il n'y a pas de milieu, dirai-je à toutes ces personnes qui ne manquent pas de qualifier ces heureuses Monarchies de *despotiques*, parce qu'on y obéit sans partage à la volonté d'un seul ; ou consentez à être regardés comme les plus turbulens et les plus injustes des hommes, ou renoncez, en parlant de ces états, au sens odieux que vous attachez au despotisme ; et pour ôter toute équivoque, substituez à ce mot, la dénomination plus tolérable et plus vraie, d'*arbitraire*.

Je n'ai cessé de renouveler ma profession de foi sur l'idée que renferme cette dernière expression. On a dû remarquer, presque dans toutes les pages de mes écrits, combien j'attachais d'importance à ces discussions et à ces formes, qui préservent les peuples de l'irréflexion et de l'instabilité des volontés du Prince ; j'en ai tant parlé, que je crains d'encourir le reproche de me répéter outre mesure ; mais il ne faut pas se faire des monstres pour les combattre, et je dois relever ici une erreur où sont tombés mes adversaires, et qui leur est commune avec beaucoup d'autres personnes. On a porté l'abus des mots ou des idées jusqu'à se figurer que la divinité se prescrivait des lois à elle-même, et qu'apparemment elle leur prêtait une sorte de serment pour s'interdire la possibilité de s'en écarter. Ce n'est pas se faire une image convenable d'un être tout-puissant, et qui voit tout d'un seul regard. Il agit, il conserve, et tout est bien ; les intelligences subalternes, en découvrant l'enchaînement invariable d'effets, dont la première source émane de sa volonté, et, pour ainsi dire, de son impulsion, s'en font pour elles-mêmes des règles de science et de conduite, mais tout cet enchaînement n'est autre chose que le résultat nécessaire d'une action qui ne peut errer dans ses conséquences. L'homme qui possède aussi un rayon de lumière et de justice en lui-même, a quelque chose de semblable dans ses procédés ; il aperçoit, presque par sentiment, si des préjugés ou des intérêts ne s'y opposent, ce qui est vrai et ce qui est bien, et l'action s'ensuit immédiatement. Je dis, presque par sentiment, car n'ayant pas l'intuition divine, et ne voyant, en quelque sorte, les objets que pièce à pièce, sa sensibilité s'attacherait souvent à des faces incomplètes, s'il né lui était donné, même en morale, de reconstruire ses idées, d'agrandir ses vues, de rectifier ses jugemens, et d'arriver à des principes. Cependant, les simples avertissemens d'une conscience droite et pure lui suffisent dans la plupart des occasions. Si l'on ajoute que les princes sont toujours environnés de conseils, qu'ils entendent sans cesse proclamer autour d'eux les maximes de droit et d'honneur public, on conviendra facilement que, surtout en Europe, au milieu de la plus grande civilisation que l'homme ait jamais atteinte, les volontés et les ordres d'un pouvoir arbitraire, ne sont pas des mouvemens livrés au hasard au degré qu'on se plaît à l'imaginer. Certes, il faut le dire et rendre témoignage à la vérité, il est plus d'un pays où nous regardons le souverain comme régnant arbitrairement, et où l'on trouverait pourtant plus de soins paternels pour les peuples, plus de respect pour la propriété, plus de confiance chez les sujets, plus d'anciens et loyaux usages conservés avec constance, que, malgré l'appareil fastueux de leur législation et de leurs maximes, n'en présentent les nations les plus vantées pour leur haine du despotisme (1).

(1) Je pourrais, entr'autres, citer l'administration intérieure de l'Autriche, et je donnerais des preuves manifestes de ce que j'avance. C'est une chose merveilleuse, que nos philosophes, lorsqu'ils cherchent le bonheur pour les peuples, tournent précisément le dos au pays où il réside avec le moins d'interruption.

CHAPITRE XXIII.

L'auteur justifie le principe, que les remèdes à employer contre le despotisme tendent nécessairement vers l'indépendance anarchique. Il répond à l'accusation de paradoxe intentée contre sa proposition : que les lois, vues sous un certain point de vue, inclinent vers l'anarchie. Envisagées sous une autre face, elles peuvent être prises dans un sens tout opposé ; cela ne fait que confirmer l'adage : contraria, contrariis curantur. *Les sectateurs de la liberté moderne, en croyant ne se déclarer que contre le despotisme, sont, de toute nécessité, sur le chemin de l'anarchie. Lorsqu'ils appellent leurs adversaires fauteurs des principes despotiques, ils ne peuvent refuser pour eux-mêmes le titre d'anarchistes.*

Cependant, faut-il le redire jusqu'à satiété ? J'aime les règles solennelles que les Princes se prescrivent par les lois ; j'y trouve les motifs d'une éternelle sécurité qui n'existe point ail-

leurs, et je n'ai pas vu sans quelqu'impatience
les rédacteurs du journal dans lequel on cherche
à me réfuter, citer, comme si j'étais ennemi des
lois, un passage de mon dernier écrit, où, parlant des remèdes qui s'offrent dans l'anarchie
contre le despotisme, et dans le despotisme
contre l'anarchie, j'ajoute que, sous un certain
point de vue, lorsque le souverain parle par
des lois au lieu de commander despotiquement,
il tend, quoique d'un degré bien faible, vers
l'anarchie. On me dit, et je l'avais dit moi-
même, que cette assertion est paradoxale, mais
on doit savoir que tout paradoxe n'est pas une
erreur; assurément le premier algébriste, qui
a avancé que *moins* multiplié par *moins* donnait *plus*, a étonné ses auditeurs, et même
aujourd'hui, le maître qui répète ce principe
à ses élèves, ne les étonne pas moins ; cependant rien n'est plus vrai, il ne s'agit que de
s'entendre. De même, dès que je place l'homme
sur une ligne terminée d'un côté par l'indépendance absolue, qui n'offre qu'isolement, obstacles et mort, et de l'autre par l'obéissance
pareillement absolue, qui, à son tour, met
la liberté dans l'état le plus précaire, il
devient évident que les moyens à employer
contre les maux attachés à cette dernière ex-

trémité, doivent plus ou moins rejeter vers
l'autre (1).

Nous en voyons un exemple frappant dans la

(1) Je ne sais pourquoi on montre tant de répugnance
à convenir de l'opposition de ces deux extrémités, le despotisme et l'anarchie, lorsque l'on convient généralement
comme d'un principe incontestable, que dans les monarchies constitutionnelles, la démocratie est toujours aux
prises avec le pouvoir royal. Il est clair que cette démocratie, n'est autre chose qu'un esprit d'indépendance individuelle, c'est-à-dire l'esprit d'anarchie, à moins qu'on
ne suppose que ce soit le désir d'établir le pouvoir despotique d'une Chambre sur tout le reste de l'État, ce qui,
très-certainement, ne pourroit être goûté, tout au plus,
que par les membres de cette même Chambre. Ce serait
donc une inconséquence bien grande, que de ne pas admettre mon axiome comme une vérité évidente par elle-
même. Si on ne veut concéder aux amis de la royauté dans
toute sa plénitude que le mot de despotisme, pour qualifier ce qu'ils envisagent comme la ressource de l'état, au
moment que tout va périr dans les discordes civiles, il
faut bien se résoudre à subir des représailles, et à laisser
désigner, sous le nom le plus énergique, la chose dont
on prend la défense. Il est vrai que, dans cette imposition
de noms, l'avantage n'est pas égal pour les deux parties ;
car il est manifeste qu'on ne peut voir d'un côté que des
efforts, pour animer la source de l'unité et de la vie dans
le corps malade, et que, de l'autre, on n'aperçoit qu'une
tendance opiniâtre vers ce qui dissout et fait mourir ; mais
on ne peut changer la nature, et il faut bien supporter les
vérités qu'elle nous dévoile.

balance des pouvoirs imaginée par Montesquieu,
et qu'il croyoit avoir découvert le premier en
Angleterre. Pour tous ceux qui auront lu mon
ouvrage avec impartialité, il sera impossible, je
m'en flatte, de disconvenir qu'au dégré où l'entend Montesquieu, cette balance inventée contre
le despotisme ne soit une véritable anarchie éta-
blie dans le gouvernement. Je n'entre plus dans
la question de savoir si elle allège l'obéissance du
peuple, ou plutôt si elle ne multiplie pas les occasions de la mettre à l'épreuve ; je n'examine
plus jusqu'à quel point est praticable ou déri-
soire l'accord de pouvoirs rivaux, lorsqu'ils se
croient égaux entr'eux, et je laisse désormais le
lecteur décider si définitivement l'un ne pré-
vaut pas toujours sur les autres ; il suffit qu'ils
soient réciproquement indépendans, pour qu'il
y ait anarchie fondamentale dans les autorités ;
car, on se le dissimulerait en vain, l'anarchie
prise dans son sens universel n'est pas autre
chose, à l'exception qu'elle est plus étendue,
et qu'on doit la définir : l'indépendance de tous
les hommes, indépendance qui toutefois serait elle-même un accord céleste s'il plaisait à
la divine Providence de nous placer tous dans
un même intérêt, et de n'inspirer à tous les
individus qu'une seule et même opinion. Voilà
donc, d'après les préceptes de Montesquieu,

un moyen de s'exempter du despotisme qu'on va chercher non-seulement dans une tendance à l'anarchie, mais qui plus est dans une anarchie bien caractérisée et très-grave, quoiqu'elle ne soit que partielle. Moi, qui, je l'avoue, regarde ce moyen comme des plus dangereux, et qui voudrais qu'on ne lui permît pas de dépasser certaines limites, j'en trouve un autre qui me plaît infiniment dans les lois et dans les formes, qui doivent présider à leur création. Placés de toute nécessité entre deux points extrêmes, opposés l'un à l'autre, il est clair que nous ne pouvons pas prendre des précautions contre le despotisme, en nous portant de son côté ; il est donc d'absolue nécessité que les lois aient en elles quelque chose qui incline jusqu'à un certain point vers l'autre extrémité : la preuve s'en tire de la facilité qu'elles peuvent donner aux factieux d'user, pour le désordre, de l'entière liberté qu'elles laissent dans tout ce qu'elles ne prohibent pas. S'ensuit-il, comme on semblerait l'insinuer, que je ne veuille pas de lois, et que j'entende soumettre le cours habituel de la vie et les actions de chaque citoyen aux volontés immédiates et à l'arbitraire du souverain. En vérité, cette imputation serait bien étrange, et je ne crois pas qu'on me la fasse sérieusement quand j'ai posé en principe que le despotisme, quoique moins fatal que l'anarchie, quoique même la dernière et seule ancre de salut, lorsque la société se livre à toutes les tempêtes et à toutes les discordes, n'en était pas moins un malheur, auquel il fallait obvier par les institutions dont le germe existait dans tous les pays, et que la nature développait plus ou moins chez tous les peuples.

Il n'y avait qu'une seule objection à me faire, lorsque j'ai présenté les lois comme offrant quelque point d'appui à l'anarchie, c'était de faire remarquer que je ne les considérais que par rapport à la soumission totale et absolue qui fait l'extrémité contraire à l'indépendance anarchique. Or, il faut, cependant, convenir que, relativement à cette seconde extrémité, elles restreignent cette indépendance ; que, par conséquent, sous un certain aspect, on a droit de les regarder comme des moyens pris contre l'anarchie même ; que, vues de ce côté et dans une portion des actions des hommes, elles se rapprochent éminemment d'une volonté absolue, à laquelle il faut demeurer soumis, ou pour mieux dire qu'elles n'en sont qu'une modification très-précieuse pour le bonheur public, et que, vues de l'extrémité opposée et pour d'autres actions, elles assurent une indépendance qui, toute restreinte qu'elle est dans la nombre d'objets où on peut l'exercer , n'est cependant pas toujours sagement employée ; il n'en reste pas moins avéré, qu'envisagées comme remède contre l'anarchie et comme remède contre le despotisme, elles modèrent la promptitude de l'obéissance, et laissent sur beaucoup de choses le champ libre aux factions et à la mauvaise volonté.

Il suit donc que le remède est toujours dans une tendance ou dans un recours vers l'extrémité qui lui est opposée ; que, par conséquent, lorsque j'ai été amené à considérer les lois comme un moyen salutaire contre les effets du despotisme, je devais seulement y chercher des résultats d'indépendance ; qu'on ne peut rien trouver à redire , lorsque , pour mieux faire ressortir l'existence des deux limites , le despotisme et l'anarchie, j'ai peint les lois dans leur influence anti-despotique , livrant quelques faibles chances aux entreprises anarchiques ; qu'en vain il est pénible pour les esprits du siècle, quand ils exaltent la liberté , de se trouver, sans pouvoir l'éviter, sur le chemin de l'anarchie ; que dans l'exacte vérité , lorsqu'ils appèlent leurs adversaires des fauteurs du despotisme , ils deviennent eux-mêmes des anarchistes, et qu'enfin mon principe *contraria contrariis curantur*, s'il afflige les amours-propre qui craignent de s'avouer ce qui leur déplaît, n'en est pas moins exact ; et reparaît toujours plus incontestable lorsque, pour l'attaquer, on l'examine de plus près.

CHAPITRE XXVI.

Les adversaires de l'Auteur citent mal à propos la prospérité de quelques Républiques. Avant d'être heureux, il faut pouvoir vivre. Les Gouvernemens républicains, qu'on peut citer aujourd'hui, ne sont plus qu'au nombre de deux. Les Monarchies, avec autant de bonheur, ont plus de stabilité. Exemples à l'appui de cette assertion. Le Peuple romain n'a vaincu que par l'autorité monarchique de ses chefs. La Fédération de l'Amérique n'aurait pas assez de consistance pour exister en Europe. La prospérité toujours croissante de la Russie, répond victorieusement à celle des États-Unis.

Il ne reste plus à mes adversaires, si les raisonnemens concluans leur manquent entièrement, qu'à recourir à des citations, où l'on voye d'une part le bonheur habiter exclusivement ce qu'on appelle les pays libres, et de l'autre, le malheur et le découragement établir leur séjour chez les nations livrées à l'asservissement du despotisme.

Nous avons déjà parcouru quelques citations dans le même genre, qui cherchaient à prouver que les républiques ont précédé les monarchies; elles ne pouvaient qu'être malheureuses, puisqu'elles vont contre un fait notoire, et que, loin d'apercevoir l'existence de la république avant tout, nous trouverions plutôt la monarchie dans les républiques, témoin la puissance paternelle, qui n'a jamais eu tant de force que dans ces gouvernemens. Les nouvelles citations n'auront pas une plus grande efficacité, pour faire naître la conviction, et peu de mots suffiront pour les réduire à leur juste valeur.

Sans entrer bien avant dans la discussion, un argument péremptoire contre la félicité qui habite les républiques, est la difficulté de leur existence; pour être heureux, il faut commencer par vivre, et par vivre même en santé et sans crainte. La révolution, qui n'était faite que pour établir des républiques sur toute la terre, les a trouvées d'un tempéramment si fragile, qu'il n'en est que deux qui aient survécu à la des-

truction des autres , la confédération suisse, et
la confédération des États-Unis d'Amérique.

On est très-heureux dans ces pays , je n'en
disconviens pas , tout en arguant de faux les descriptions romanesques et parfois risibles que
l'imagination exaltée des voyageurs veut nous
faire prendre pour des réalités , lorsqu'ils nous
parlent de ces républiques. Comme je suis témoin
oculaire des choses et des faits , quant à la Suisse,
pays que j'ai long-temps habité et que je connais
très-particulièrement, on ne m'accusera pas de
parler de ce que je ne sais pas.

Ce qui a sauvé la Suisse dans ces derniers
temps , c'est sa faiblesse et sa situation , qui ne
permet à aucune grande puissance de s'en emparer, sans menacer les autres.

Je ne ferai point la critique des gouvernemens
de ce pays , loin de là , je leur rendrai la justice
qu'ils méritent; mais ils ne me démentiraient
pas eux-mêmes , quand je dirais que les discordes , toujours existantes dans la fédération,
entraîneraient la ruine de toute grande nation
qui , comme on l'a vu pour la Pologne , aurait à
se défendre par une grande union contre les
sourdes attaques de la diplomatie, avant d'avoir
à le faire par la force des armes.

Quant à la félicité intérieure qui règne en

Suisse, je remarquerai, à l'honneur de la vérité, mais au très-grand scandale de la philosophie moderne, que, de tous les cantons, celui dont le pouvoir et les institutions se rapprochent le plus de la monarchie, est en même temps celui où l'agriculture et le commerce ont joui dans tous les temps de la protection la plus attentive et la plus éclairée, et qui fut toujours le mieux gouverné, et qui l'est peut être encore, malgré les troubles que nous y avons semés; que, pour tout dire, c'est le canton de Berne : je m'en rapporte, malgré les clameurs de nos révolutionnaires, à la bonne foi de tout homme impartial qui connaît Berne, et les diverses républiques dont se compose la fédération de la Suisse.

Je ne saurais parler des États-Unis d'Amérique avec la même connaissance; j'avoue cependant que, d'après leurs journaux, je n'aperçois pas un grand fond de sagesse dans les peuples de ce pays; je crois reconnaître en eux une ambition très-marquée, et qui, un jour, pourra entraîner leur ruine. Que serait-ce, si dans la fédération américaine, comme dans la vieille Europe, il fallait faire subsister sur des terrains étroits des populations tout entières, n'ayant de ressources que dans de précaires industries; s'il fallait sans cesse contenir dans le devoir cette multitude disposée à prêter l'oreille à tous les murmura-

teurs , à s'attrouper au gré de tous les instiga-
teurs de troubles, et à s'enflammer avec une
rapidité dont les habitans isolés des Etats-Unis
ne sauraient se faire l'image ? Que serait-ce , si
ces républiques, au lieu d'exister au - delà des
mers, étaient en face de puissances militaires
toujours prêtes à profiter de leurs divisions ,
et soigneuses peut-être à les encourager , n'en
doutons pas, ou elles auraient bientôt cessé
d'être , ou leur forme de gouvernement , reve-
nant vers l'unité , les préserverait d'uue perte
inévitable et imminente.

Mais lorsque j'entends alléguer, avec des éloges
si intarissables, mais si peu approfondis et si
peu raisonnés , de pures exceptions auxquelles
certaines situations géographiques permettent
seules d'exister, n'ai-je pas droit, à mon tour,
d'appuyer d'exemples frappans la bonté du gouvernement d'un seul , même lorsqu'il est absolu , et qu'on l'accuse de se rapprocher de l'arbitraire.

J'ai déjà cité dans la note, *p.* 143 , le bonheur
dont jouissent les habitans de l'Autriche. J'affirme , sans crainte d'être démenti, que, dans
ces derniers temps surtout , sans la direction
que le gouvernement de Prusse a su donner
à ses sujets , la nation prussienne eût été effacée du nombre des peuples de l'Europe. Mais,

par-dessus tout, considérons les immenses progrès de la Russie depuis que Pierre-le-Grand
est parvenu à porter la civilisation dans les différentes parties de son empire. Je le demande,
croit-on que les principes de la démocratie eussent pu opérer ces merveilles? L'ancienne Rome
a fait la conquête du monde ; mais ce n'est pas
comme république qu'elle y est parvenue, c'est
parce qu'elle a eu des princes qui n'en portaient
pas le nom , mais qui en avaient le pouvoir,
ses consuls et ses dictateurs , sortant tous d'un
corps qui formait le conseil le plus constant
dans ses maximes et dans ses entreprises, dont
les annales du monde puissent conserver la mémoire. Sans ces princes si absolus au milieu des
camps , sans ce sénat si attentif à distraire l'esprit des peuples par les conquêtes au dehors ,
l'univers n'eût pas été subjugué. C'est la monarchie et l'aristocratie qui ont conduit le peuple
romain au faîte de la grandeur : les dissensions
du Forum n'auraient pu que le perdre , si quelque nouveau Philippe, placé dans la péninsule,
eût trouvé des accès propres à les accroître et
à détruire le pouvoir et le commandement. Enfin lorsque les ambitions particulières , qui ne
pouvaient manquer de s'introduire au sein d'une
aristocratie , dont les membres étaient devenus
plus puissans et plus riches que les Rois , lorsque

ces ambitions, dis-je, eurent armé les Romains les uns contre les autres, quel eût été le sort de l'univers si la bienfaisante nature, qui tend toujours à établir une force prédominante, n'eût voulu que le pouvoir arrivât aux mains d'un seul homme ? S'il en eût été autrement, on ne voit pas de raison pour qu'un égorgement renouvelé sans cesse, de toutes les parties du monde connu, ne les eût rendues tour à tour le théâtre des plus affreuses calamités, jusqu'à ce qu'enfin la lassitude des combattans, les laissant maîtres chacun dans le pays soumis à sa domination, des royaumes particuliers se fussent formés des débris de la puissance universelle. C'est donc encore la monarchie qui, dans un temps de proscriptions et d'affreuses discordes, sauva le peuple romain de sa destruction, et qui perpétua son empire pendant une longue suite de siècles ; mais une monarchie mal réglée, et qui, par les pillages, les exactions et les cruautés inséparables des usurpations, qui ne cessèrent de livrer le pouvoir au premier occupant, apprirent à toutes les nations à connaître le prix inestimable d'une longue hérédité et d'une légitimité inébranlable. C'est cette légitimité bien plus que de vaines et orgueilleuses lumières, c'est elle qui, amenant le calme intérieur, a adouci les mœurs des peuples modernes, et a favorisé le règne des lois, de la modération et de la justice. Par quelle fatalité ceux qui invoquent le plus ces noms chers à tous les hommes, la justice, la modération, les lois, sont-ils trop souvent les plus froids zélateurs de la légitimité? Par quelles vues rétrécies conservent-ils toujours un secret penchant vers ces tumultes démocratiques, séjour de toutes les passions et de toutes les iniquités? Je ne cesserai de le leur répéter : la plupart des grandes choses, et mieux que cela, des choses utiles à l'humanité ne se sont faites que par la monarchie; c'est par elle que les nations prospèrent, et si quelque peuple isolé des autres, et jeune encore dans toutes ses productions et dans toutes ses ressources, nous apparaît, accroissant sa population et ses richesses de tout ce que les malheurs de l'Europe lui ont apporté, je le disais à l'instant, portons nos yeux sur ces états monarchiques de notre continent, qui, par la sagesse de leur administration, ont aussi vu leur population et leur aisance s'augmenter, non pas au sein d'une paix qu'assure la distance d'un Océan tout entier, mais au milieu des guerres les plus désastreuses; et si nous voulons comparer un pays nouveau dans les fastes de l'histoire avec celui que quelques esprits, dans leur préoccupation, n'envi-

sagent jamais sans une secrète complaisance ,
ayons toujours présent à la pensée ce vaste empire de la Russie, qui depuis un siècle , malgré
la diversité des nations dont il est composé et
parmi d'éternels frimats , marche vers la puissance et la prospérité d'un pas toujours égal et
dans un ensemble silencieux , dont aucune république populaire n'offrira jamais d'exemple.

C'en est assez pour appaiser toute cette exaltation, qui ne veut connaître de félicité pour
les hommes qu'aux champs où les rêves domestiques sembleraient prendre le plus de réalité.
Le bonheur est plus assuré , plus constant dans
les monarchies , et la fragilité de la prospérité
des républiques est si grande qu'il n'en est aucune qui , à moins d'un concours de circonstances assez rares , puisse se promettre la durée de quelques générations.

CHAPITRE XXV.

Les crimes politiques commis dans les républiques de la Grèce sont innombrables et hors de toute proportion avec ceux qu'on peut reprocher à des Princes légitimes dans des temps civilisés. Il faut faire une grande distinction entre ces Rois et les usurpateurs. Ceux-ci sont obligés par la force des choses de se livrer à toutes les vexations et à toutes les violences. Avis donné à de jeunes légistes. On ne peut juger du gouvernement d'un seul par le règne de Buonaparte. La position de Buonaparte le contraignait à tenter toujours des choses extraordinaires. Il n'a pas été un plus grand tyran que les républicains ne l'ont été. Ils avaient perdu la France avant lui. Ils sont cause qu'il ne l'a pas sauvée comme il devait le faire.

Ce sont maintenant des citations d'un autre genre qu'il nous faut apprécier ; il s'agit des iniquités et des cruautés dont trop souvent le gouvernement d'un seul s'est trouvé souillé.

On n'en comptera pas un moindre nombre

dans le gouvernement de plusieurs , et surtout
dans celui de la multitude ; on n'a besoin pour
cela que de parcourir l'innombrable liste des
crimes politiques dont les républiques de l'an‑
cienne Grèce ont été les sanglans théâtres , on
trouvera que le genre de résignation que So‑
crate porta à un si haut degré dans ses derniers
momens, a trouvé, sans nulle comparaison, plus
d'occasions d'être mis en pratique dans ces pays
si vantés, que n'en trouverait de nos jours une
résignation beaucoup moins pénible pour ap‑
prendre à supporter patiemment les petits abus
qui, çà et là , peuvent se rencontrer dans une
monarchie , et qui , après tout , sont insé‑
parables du gouvernement des hommes , dans
quelque main qu'on le place ; en un mot , si
j'excepte les crimes attribués aux empereurs ro‑
mains et aux usurpateurs du pouvoir souverain
dans les autres pays , je ne sais s'il y aurait de
l'exagération à soutenir que les actions tyranni‑
ques , disons-le , les forfaits exécrables qui en‑
tachent à jamais l'honneur des républiques grec‑
ques , ont été eux seuls en aussi grande quan‑
tité que ceux qu'en les réunissant tous, on pour‑
rait reprocher à tous les princes qui , dans des
temps civilisés , ont occupé des trônes légiti‑
mes dans toutes les parties du globe.

J'ai , dans mon précédent écrit , touché un

mot de l'affreuse nécessité qui oblige les usurpateurs (et les empereurs romains l'étaient presque tous) à prodiguer les crimes et à régner par
la tyrannie. Ne pouvant arriver au trône que
par la violence, la violence à son tour vient les
menacer à tout instant : leur caractère de Rois
ne saurait les rendre respectables; au contraire
il les condamne, il atteste leur perversité; les
vengeances les poursuivent de toutes parts, et
plus ils versent de sang pour les contenir, plus
ils en accroissent le nombre; enfin, ce n'est que
l'appât d'un gain sordide qui peut leur assurer
des complices. Sans cesse ils sont forcés de recourir à des moyens nouveaux pour assouvir
l'avarice des chefs et la cupidité des soldats qui
les ont élevés à l'empire et qui les y maintiennent;
dès qu'ils ont épuisé la source de ces méprisables achats, ils périssent. Pense-t-on qu'à moins
de perdre le sens, des princes légitimes se jet-
tent sans motif et sans but dans ces hasards
ignominieux de forfaits, de haines, de salaires
et d'exactions qui ne laissent prévoir que des
catastrophes sanglantes, et ne cessera-t-on jamais, quand on nous parle du pouvoir des rois,
de nous citer les règnes de leurs spoliateurs?

C'est ce misérable sophisme que j'entends
encore employer tous les jours avec profusion.
Dès qu'on se déclare le zélé partisan du pou-

voir, aussitôt on se voit assailli par une foule
de raisonneurs, presque tous légistes imberbes,
qui font sourire de pitié. L'homme qui vieillit
dans les révolutions connaît le néant et le danger de leurs maximes. Voyez, nous disent-ils,
où conduit le despotisme : notre patrie fume
encore du sang qu'il a fait verser pour étendre sa domination sur tous les peuples ; nous
avons failli périr. Qui nous commandait alors?
un seul homme. Quelle confiance voulez-vous
donc que nous prenions dans une forme de
gouvernement que nous accusons de tous nos
maux ?

Avant de répondre à ces adolescens (car je
m'adresse ici principalement aux jeunes gens
qui, trompant l'espoir qu'ils nous inspiraient,
veulent parler avant le temps, et dicter des préceptes avant d'avoir réfléchi), j'ai à leur dire en
peu de mots : ne vous êtes-vous jamais aperçus
que vos connaissances se réduisaient à de nombreuses lectures, dans lesquelles vous n'aviez pas
encore eu le temps de démêler l'erreur d'avec la
vérité? Nous aussi, nous avons lu les livres où vous
avez puisé presque toutes vos idées ; nous savons
qu'ils appartiennent à un siécle que la postérité
nommera par excellence le siècle de turbulence
et de présomption : dans toute la partie du raisonnement, nous réduisons tous ces ouvrages si

vantés presqu'au seul mérite de nous avoir indiqué avec une orgueilleuse imprudence des questions que nos pères avaient ignorées, et dont ils avaient toujours évité de s'occuper directement; mais ces questions, les auteurs qui les ont élevées, ne les ont résolues que de la manière la plus superficielle, et presque toujours la plus fausse. Si deux chemins s'ouvraient dans quelque passage de leurs devanciers, il est bien rare qu'ils n'aient pas suivi celui qui menait aux conséquences les plus déraisonnables et les plus subversives. Ces ouvrages, et les solutions qu'ils contiennent, vous les connaissez; mais nous les avons mis en pratique; nous les avons étudiés sous toutes les faces, et nous savons parfaitement à quoi ils peuvent servir. Arrêtez-vous donc, et apprenez aussi quelque chose de nous, car nous aurions beaucoup à vous dire. Nous nous contenterons de vous donner un seul avis, qui peut intéresser votre gloire : ne répétez jamais, de confiance, ce que vous n'avez pas profondément médité, vous risqueriez d'être un jour oubliés dans l'assemblage obscur de ces esprits médiocres qui, condamnés à reproduire sans discernement les opinions et les paroles des hommes célèbres de leur temps, n'ont jamais su que prolonger des erreurs, sans enrichir le genre humain d'une seule vérité.

Mais pour ne pas rester plus long-temps hors
du sujet qui nous occupe maintenant, vous pré-
tendez juger du gouvernement d'un seul homme,
par celui de Buonaparte ; vous ne savez donc pas
que la monotonie d'un règne ordinaire l'eût
perdu ; qu'en sa qualité d'usurpateur, il fallait
qu'il se maintînt par la terreur et par les supplices , si par des faits éclatans, il ne changeait
en admiration la haine que l'illégitimité de son
pouvoir eût éveillé dans tous les cœurs. De grandes victoires lui devenaient indispensables, pour
se faire pardonner par ses émules de gloire, et
plus encore par les farouches républicains dont
il était environné, l'autorité de souverain et les
honneurs du diadême. Il remporta des victoires ;
mais tant de trônes renversés ou avilis par lui ,
ne pouvaient plus laisser un seul moment de sécurité aux potentats qui n'étaient pas encore
tombés ; bientôt il fallut que l'Europe entière
changeât de face, ou qu'il disparût du nombre
des Rois. Il succomba. Voilà l'histoire de son
règne. Par caractère , et surtout par nécessité ,
il se lança dans une carrière infinie d'entreprises
guerrières ; et j'ai dit expressément au commencement de cet ouvrage, que les entreprises désor-
données, pouvaient faire incliner vers le despotisme les monarchies même les plus anciennes ,
et les plus affermies. En effet, je l'ai posé en

principe : dans le cours ordinaire des choses ,
l'observation des règles et des lois , et les institutions , ne peuvent qu'être précieuses au monarque , pour présenter à ses yeux un avenir stable et connu, et pour favoriser même son indolence ; mais au contraire, lorsque des entreprises
périlleuses sont commencées , et qu'il faut les
soutenir, bientôt les ressources usuelles deviennent insuffisantes ; la simple lenteur dans les délibérations se transforme en obstacle , enfin, l'on
peut arriver jusqu'au point de se trouver dans
la nécessité de périr , ou d'écarter par la violence
les lois et les usages qui donnaient une marche
régulière au gouvernement intérieur d'un empire. De tous les motifs qui me font attacher un
grand prix à l'existence d'institutions modératrices, le désir de voir arrêter, dès leur commencement les entreprises téméraires, est le plus puissant à mes yeux (1). Mais Buonaparte , arrivé
au trône par la témérité, et par le faux éclat qu'il

(1) Une réflexion bien peu flatteuse pour les révolutionnaires de tous les temps et de tous les pays , est qu'ils
ne se plaignent presque jamais de la violation des principes et des lois , que sous les Princes les plus pacifiques
et les plus amis de l'ordre. Ils ne sont tous évidemment
que des esprits inquiets, qui n'aspirent qu'à la guerre,
et qui la font dans le sein même de leur patrie, s'ils ne
peuvent la faire au dehors.

savait en tirer, ne pouvait se maintenir que par
elle, et la témérité ne peut souffrir ni discussions ni résistance; voilà tout le secret de son
despotisme, et je n'ai jamais entendu d'aussi pi-
toyables raisonnemens que ceux que l'on cherche
à puiser dans la comparaison d'un soldat s'arro-
geant la souveraineté par la force, et d'un roi
montant au trône par un droit légitime, et par
l'ordre établi qui fait tout son pouvoir.

Il est encore un reproche qu'on doit adresser
à ces esprits orgueilleux qui ne sont ennemis de
Buonaparte, que parce qu'il réduisit au silence
toutes les doctrines populaires; moi aussi, bien
que par un autre motif, je suis son ennemi; cette
qualité ne me rend cependant pas injuste à son
égard : il a commis de grands crimes, il les a
commis de sang froid; telle étoit toutefois sa position, que, s'il n'eût pas occupé les esprits par des
guerres toujours renaissantes, il eût peut-être
été forcé d'en commettre davantage ; mais les
républicains sont d'autant moins autorisés à parler de ses forfaits, que nous connaissons, et
toutes les machinations, et toute la tyrannie,
et toute la barbarie qui souillèrent les temps désastreux de la république, et dont nous fûmes en
partie délivrés sous son règne. Il a perdu la
France, dit-on, par une ambition démesurée;
mais vos coryphées, par une ambition plus folle

et plus cruelle, l'avaient perdue avant lui. Ne sait-on pas à quel état elle était réduite, lorsqu'il saisit les rênes du gouvernement ? un moment, il la sauva, et c'est dans vos maximes empoison-nées contre les rois légitimes, qu'il puisa l'espoir qui l'empêcha de l'établir pour jamais au-dessus de toutes les nations. Cet espoir, il vous le doit tout entier, il eût été sans lui un héros immor-tel ; ayez donc quelque pudeur envers un homme qui peut lui-mème, par deux fois, vous repro-cher sa propre perte ; et sachez qu'il n'est rien en depotisme, en imposture et en férocité, qu'il ne puisse rétorquer avec un avantage centuple, contre un parti dont les principes sont insépa-rables de tous les fléaux qui peuvent désoler l'humanité.

CHAPITRE XXVI.

L'auteur établit des distinctions entre les républicains. Il relève la citation des gouvernemens d'Alger et de Constantinople, qu'on a opposés à ses principes. Cette citation doit être désormais laissée à l'ignorance. Montesquieu a, très-mal-à propos, confondu sous le même nom de despotiques, les gouvernemens absolus où, par les maximes publiques, les Souverains savent qu'ils ne sont que les protecteurs de leurs sujets, et ceux où, d'après les mêmes maximes, ils s'en croyent les propriétaires. L'origine nomade et demi-sauvage des Turcs influe vraisemblablement encore sur leurs principes de gouvernement. Leurs souverains sont victimes de leurs mœurs. Ils voudraient les changer ; les préjugés du peuple, et la férocité des jannissaires s'opposent à ce changement.

On seroit loin cependant de me connaître et de me rendre justice, si l'on pensait que j'adresse indistinctement ces plaintes amères à toutes les

personnes qui, n'adoptant pas mes opinions,
ont un secret penchant qui les entraîne vers le
pouvoir du peuple. J'avouerai qu'il m'arrive quelquefois de rencontrer de ces cœurs pervers, qui
ne reprochent à Buonaparte, que ce qu'ils auraient fait à sa place; et j'en tire la preuve de ce
que leur amour excessif de toutes les formes démocratiques ne leur est inspiré que par le désir
insatiable de dominer dans les assemblées populaires, de se créer par elles une puissance,
des honneurs et des richesses, et de régner, en
un mot, s'ils le peuvent; tandis qu'ils ne cessent
de préconiser la simplicité républicaine, et les
douceurs de l'égalité. Je ne puis trop leur montrer qu'ils sont connus, et leur présenter des
peintures trop hideuses de ce qu'ils voudraient
établir; mais quant aux esprits qui ne sont attachés aux idées anti-monarchiques que parce
qu'ils voient le bien public de ce côté, ce serait
envers eux une injustice et une offense, dont je
suis incapable, que de les ranger comme acteurs,
dans des descriptions de crimes et de tyrannie;
ils ne font que se livrer à de vaines spéculations,
dont je cherche, il est vrai, à leur montrer, autant qu'il est en moi, l'immense danger, mais
sans avoir la moindre pensée de leur faire injure.
Je dis plus, ils sont de bonne foi, et si je reconnais qu'ils soient disposés à accueillir la vérité

dès qu'elle se présentera clairement à leurs yeux, mon estime leur est acquise : cette observation s'étend aux rédacteurs du *Constitutionnel*, journal qui s'est le plus occupé de mes écrits ; leur opinion est certainement très-prononcée, mais je ne remarque dans leurs articles ni l'aigreur ni la suffisance qui se rencontrent souvent chez leurs confrères ; j'y trouve un ton de modération, qui, plus que toutes les protestations, est la marque certaine de la conviction (1), et malgré les censures de quelques feuilles rivales, qui blâment chez eux la méthaphysique de certaines discus-

(1) J'excepte de cette modération quelques insinuations qui, çà et là, déparent cette feuille, et la rendent semblable à ses sœurs ; mais j'en excepte encore plus un article qui n'avait pas encore paru lorsque je m'exprimais ainsi sur son compte. Cet article consiste dans l'insertion d'un fragment du poëte Chénier, où il attaque, d'une manière injurieuse, et évidemment passionnée, un de nos plus profonds écrivains, et un des hommes les plus probes de la France. Je pense que si Chénier n'avait pas été un homme à préjugés, et entiché d'opinions qui feront pitié aux siècles futurs, il aurait pu apprendre beaucoup de choses de M. de Bonald ; et je pense aussi que ce n'est pas par de tels articles qu'on peut opérer le rapproche-ment des esprits et qu'on entretient la concorde. Il ne faudrait pas un grand nombre de pareilles insertions, pour que je rétractasse entièrement l'éloge de la modération et du ton de bonne société qui règne d'ordinaire dans la rédaction du *Constitutionnel*.

sions, parmi lesquelles ils ont compté peut-être
l'examen de mes écrits, je vois qu'en général,
leur style est pur, ennemi de toute affectation,
et pourvu de toute la clarté que peuvent comporter les bornes étroites d'un journal. Je suis
donc étonné, qu'avec un esprit si mesuré, et
un jugement si sain, ils aient avancé que mon
dernier écrit n'était que le panégyrique du despotisme, tandis que je n'ai cessé d'y parler de la
nécessité des règles et des lois, dans tout ce qui
n'est pas crise extraordinaire et momentanée; et
je ne suis pas moins surpris, que pour me prouver le malheur des gouvernemens despotiques,
ils se soient rabaissés jusqu'à la citation la plus
bannale et la plus facile à réfuter qu'il soit possible de faire.

Cette citation, qui ne peut plus être qu'une
pauvreté, tant elle se trouve souvent dans la
bouche des ignorans et des stupides, est la dernière dont il me reste à m'occuper, et elle consiste à nous renvoyer pour considérer les effets
du despotisme, à Constantinople, Maroc ou
Alger.

Voici les réflexions qu'elle me suggère :

Je sais que c'est dans ces gouvernemens que
Montesquieu allait de préférence chercher l'idée
qu'il se formait du pouvoir absolu des rois, et

de ses conséquences, et je ne doute pas qu'il ne les envisageât lorsqu'il écrivait le chapitre composé de cette seule phrase : « Quand les Sau» vages de la Louisiane veulent avoir du fruit, » ils coupent l'arbre au pied, et en cueillent le » fruit ; voilà le despotisme. »

En effet, le malheur des peuples, qui vivent sous les gouvernemens où l'on nous renvoie pour juger du despotisme, vient de ce que la première base sur laquelle repose la puissance des souverains, semble y être entièrement ignorée. Cette base, est la *protection* des personnes et des propriétés, que chacun recherche et a droit d'exiger, pour prix de sa soumission au gouvernement dont il est le sujet. Partout où le principe suivant, antidote du despotisme, dans le sens que Montesquieu paraît attacher à ce mot : que *le Prince est le protecteur et non le propriétaire des hommes et des choses;* partout, dis-je, où ce principe n'est pas en pratique et n'est pas reconnu de la manière la plus incontestable, il doit arriver trop souvent que l'incertitude de la destinée des individus, et le découragement qui s'ensuit dans leurs pensées et dans leurs spéculations, détruisent chez eux les ressorts de l'ame, et paralysent tout travail et toute industrie. J'admets donc la vérité du chapitre de Montesquieu, en faisant toutefois remarquer que le despotisme, tel qu'il faut l'entendre, pour l'exactitude de la comparaison que ce chapitre contient, est un être de raison dans l'Europe civilisée ; je n'en dirai pas autant de la Turquie et de ses feudataires ; mais à quoi faut-il attribuer l'existence des maximes dégradantes et erronées qui régissent les gouvernemens de Tunis, d'Alger et de Constantinople ? Est-ce à l'autorité d'un seul ? est-ce à des circonstances particulières ?

On ne me niera point qu'Alger, que Maroc, etc., ne soient le séjour du despotisme militaire le plus sanglant ; à chaque instant, les chefs du gouvernement y sont égorgés pour faire place à des successeurs qui, de même que ceux qui les ont précédés, s'emparent du pouvoir par la violence, pour le perdre ensuite de la même manière. J'ai dit que les sociétés humaines commençaient par les combats et par la puissance militaire, et qu'heureusement elles tendaient toujours à se régulasiser ; mais, si au lieu de parvenir à quelques règnes de paix, où se développent de premières idées de justice et des germes d'heureuses institutions, les générations se succèdent au milieu des guerres et des discordes, et si, pour comble de calamité, les chefs dans leur ambition n'aspirent plus qu'à se détruire, pour régner sur les cadavres de ceux qu'ils ont immolés, alors, à la férocité du premier âge des sociétés, se joignent les désastres et la tyrannie inséparables des usurpations, et des mœurs cruelles achèvent de perpétuer, de siècle en siècle, des évènemens toujours les mêmes, et toujours remplis d'horreur et d'épouvante.

Ces mœurs, quoique dans un degré un peu plus adouci, nous les retrouvons à Constantinople; mais, loin de pouvoir les attribuer au gouvernement d'un seul homme qui, plus que tous les autres, doit en craindre les funestes effets, nous voyons les sultans faire tous leurs efforts pour civiliser leurs sujets. Déjà, depuis long-temps, ils y seraient parvenus, si, moins heureux que le fut le Czar Pierre, ils n'eussent trouvé toujours autour d'eux leurs farouches janissaires, qui n'ont jamais oublié de venger les moindres innovations sur la tête de leurs souverains. C'est ainsi que, dans le peuple et qu'au serail, se perpétuent d'âge en âge ces maximes et ces traditions qui retracent les temps de violences et de barbarie où elles ont pris naissance : on sait que les Turcomans furent originairement des guerriers et des conquérans ; la liberté n'habite jamais les tentes des soldats, et la propriété n'est pour eux qu'une occasion de pillage, et que le partage désordonné des sanglantes dépouilles des peuples vaincus. Faut-il s'étonner que,

depuis moins de quatre cents ans qu'ils ont envahi l'empire grec, l'inviolabilité et la transmis-
sion héréditaire des possessions territoriales ,
ne soient point encore observées chez eux aussi
religieusement qu'elles le sont parmi nous. Ils
descendent de peuples nomades ; chez ces peuples la propriété ne s'étend qu'aux ustensiles et
qu'aux troupeaux ; s'ils ont des droits à reven-
diquer sur les pays qu'ils parcourent, ces droits
ne regardent aucun particulier, ils ne concernent que la communauté, et c'est le chef de la
tribu , qui, disposant des campemens et des lo-
calités, est en quelque sorte le seul maître du sol
et de la contrée. Qu'on y fasse attention , peut-
être que l'origine vagabonde de la plupart des peuples de l'Asie a singulièrement contribué à les pri-
ver de ce respect pour la propriété territoriale,
qui fait une des principales sources de la prospérité des nations européennes. Ne serait-ce
pas le cas , comme je l'ai fait déjà pour certaines maximes républicaines , de remonter jusqu'aux premières origines pour se rendre compte
de l'introduction des préceptes et des usages
qui prévalent encore chez ces peuples ? Ce ne
serait pas une des manières les moins utiles
d'apprendre l'histoire des différens états, que
de commencer par pressentir le caractère des
hommes qui les ont fondés, et la nature des

évènemens dont ils ont été le théâtre, d'après les opinions et les usages qui y régnent encore de nos jours ; on vérifierait ensuite jusqu'à quel point seraient exactes les conjectures qu'on aurait formées. Quoi qu'il en soit, j'en ai assez dit, ce me semble, pour faire apercevoir la puérilité des terreurs qu'on cherche à nous inspirer contre les gouvernemens des Rois, en nous parlant sans cesse d'Alger et de Constantinople.

Je me rappelle que, dans mon bas-âge, je me transportais en idée sous la domination du Grand-Seigneur, et je tremblais en pensant que ma vie serait alors à sa disposition ; je ne tremblais pas de même, et j'aurais dû le faire cependant sans les préjugés qui m'environnaient déjà de toutes parts ; je ne tremblais pas de même, dis-je, en lisant l'histoire des anciens peuples, où les pères avaient le droit de vie et de mort sur leurs enfans, et les maîtres sur leurs esclaves. Je ne tremblais pas non plus, lorsque, dans les rues de la capitale, je me voyais si faible au milieu d'hommes qui, s'ils n'avaient pas le droit de me tuer, avaient cependant plus de force qu'il n'en fallait pour le faire ; je pensais que la crainte des suites de ce crime ne pouvait manquer de retenir leur bras, si quelque mauvaise pensée s'élevait dans leur ame pour m'arracher la vie. Je ne doute pas que les réflexions que je supposais dans ces hommes ne se présentent souvent à la pensée du Grand-Seigneur, lorsqu'il veut s'abandonner, je ne dis pas à son despotisme, mais seulement à sa sévérité; et ce dont je doute encore moins, c'est qu'il n'existe pas un seul monarque en Europe qui ne les ait faites presque tous les jours de sa vie, et qui voulût s'attirer les haines et les vengeances personnelles, en frappant arbitrairement au lieu de laisser frapper les lois. Ce ne sont donc que des murmures irréfléchis, ou plutôt des cris séditieux et rebelles que nous répétons, lorsque, dès qu'un Roi nous commande, nous nous surprenons dans quelque comparaison des ordres de ce prince avec ceux des rois de l'Asie; et ces rois mêmes, ils n'ont pas à se reprocher la servitude et les malheurs de leurs nations, car ils n'en veulent plus dès qu'ils peuvent se former l'idée d'un meilleur ordre de choses. Ce sont les stupides préventions des peuples, leurs inflexibles habitudes, leur férocité même contre leurs propres souverains, qui entretiennent des règnes toujours féconds en terreurs. Et nous, calomniateurs que nous sommes, nous attribuons à ces malheureux princes la barbarie de mœurs dont ils sont les victimes. Nous nous vantons de notre haine contre leur despotisme, et nous nous livrons sans condition, sans ré-

serve, et de toutes nos forces, à la tyrannie qui,
pardessus toutes les autres, ne connaît ni lois,
ni commisération, ni asile, et qui les enfante-
rait toutes s'il n'en existait pas sur la terre, la
souveraineté du peuple.

CHAPITRE XXVII.

Récapitulation de différens principes dévelop-
pés dans les précédens écrits de l'auteur.
Le principe de la liberté laissée aux citoyens
de quitter leur patrie dans le changement
des lois fondamentales de l'état, a donné
lieu à des objections. La même chose a eu
lieu pour le principe de la soumission des
sujets, sous la condition de l'équité du com-
mandement. L'auteur retrace succinctement
sa réponse aux objections contre le second
principe; il renvoie au chapitre suivant celle
qu'il doit faire aux inductions tirées du
premier.

Après avoir amené tous les bons esprits qui
ont lu mes précédens écrits à convenir de la
vérité des propositions suivantes :

Que J.-J. Rousseau et ses sectateurs, en

prétendant nous délivrer du despotisme des rois , nous ont conduits dans le despotisme de la multitude ;

Que ce dernier , le plus cruel de tous , est celui auquel il faudrait réellement assigner des conditions intransgressibles ;

Que , loin de là , ces sophistes téméraires nous livrent à tous ces excès , sans nous permettre de résister , de nous plaindre , et même de fuir ;

Qu'on ne saurait autoriser cet asservissement, sous le prétexte de retenir les individus dans un même corps de nation , lorsque le Gouvernement vient à changer ;

Que mes principes , sont bien autrement favorables à la liberté des hommes ;

Qu'en réduisant à un très-petit nombre , les clauses fondamentales qu'on accepte lorsqu'on se met sous la protection des Gouvernemens, on ne voit pas pourquoi ces mêmes Gouvernemens , seraient censés pouvoir changer ;

Qu'en admettant , cependant , la nécessité de ces changemens dans quelques pays minutieusement ou abusivement constitués , ainsi que la révolution faite en Suède par le roi Gustave III semblerait nous en donner un exemple , une majorité ignorante , versatile , indéterminée dans le nombre dont elle se compose , ne

serait jamais l'être en qui l'on devrait placer le
pouvoir d'opérer ces grandes réformes ;

Que ce pouvoir ne saurait résider en de meilleures mains qu'en celles du Souverain, qui déjà,
chez toute nation sage et prévoyante, doit être
reconnu comme possédant une autorité préser-
vatrice et transcendante, dans les momens où
le salut de son pays se trouve intéressé ;

Mais qu'enfin, si ce pouvoir de commander,
et même de réformer, suivant sa volonté suprême, n'était pas un droit dont ses sujets
eussent connaissance avant qu'il l'exerçât, il
devait être permis à ceux qui ne voulaient pas
s'y soumettre, *de se retirer dans d'autres pays,
et d'aller chercher d'autres lois.*

Après avoir, dis-je, amené de conséquence en
conséquence, les bons esprits à reconnaître la vérité de toutes ces propositions, la dernière, cependant, a trouvé d'abord des contradicteurs parmi
les personnes attachées au pouvoir royal, et qui,
à la crainte de voir, à la première occasion, des
émigrations entières dépeupler le royaume, ont
ajouté de graves inductions dont je parlerai plus
bas ; et en second lieu, ce qui m'a surpris
davantage, elle en a rencontré pareillement
parmi les rédacteurs d'écrits publics, qui se sont
montrés le plus attachés à l'indépendance de
l'homme ; c'est dans le *Constitutionnel,* que, sur

cet article , comme sur beaucoup d'autres , on m'a livré le combat le plus sérieux.

A cette proposition , condamnable suivant eux , on en a joint une autre , non moins dangereuse , disait-on , où je soutenais que chacun en se soumettant au Souverain , ne le faisait que sous la condition bien positive , qu'il serait gouverné suivant l'équité , et j'ai eu lieu de croire que la crainte de voir adopter une doctrine qui renversait tous les principes populaires , avait grossi singulièrement, pour certains esprits , les inconvéniens qu'ils croyaient apercevoir dans ces deux propositions , je ne dis plus pour la liberté des hommes , mais pour la stabilité même des Gouvernemens monarchiques.

La seconde de ces deux propositions devant m'occuper moins sérieusement que la première, parce que j'ai déjà épuisé en grande partie, dans mes précédens écrits , les questions où elle conduit , c'est par elle que mes réponses vont commencer. La matière qu'elle embrasse est assez complexe : je ne ferai que toucher, en passant, les différens points où je serais obligé de me répéter; peu de mots suffiront pour le reste.

Je remarquerai d'abord que les restrictions que mon principe de soumission conditionnelle semblait assez naturellement apporter à l'obéissance des sujets , m'ont valu des félicitations sur l'amour de liberté qui prévalait en moi malgré les préventions et les systèmes auxquels je me laissais entraîner.

Mais, comme j'avais singulièrement limité les idées de conventions et de clauses, entre les gouvernans et les gouvernés dans les engagemens politiques ; que j'avais banni de ces engagemens les détails minutieux dont on s'est plu à charger les constitutions modernes, et que même j'avais refusé positivement d'admettre des pactes sociaux entre des populations tout entières, d'une part, et les souverains de l'autre (1), on n'a pas manqué de me faire l'observation que l'équité dans le commandement, dont je faisais la condition de l'adhésion du sujet à l'autorité du prince, donnait lieu à un véritable contrat dont je ne pouvais nier l'existence.

J'en conviens, et je n'ai jamais cherché à éviter cette sorte de traité individuel ; j'en ai fait, au contraire, le fondement de toute autorité, et je prie de remarquer combien, en effet, mes principes sont plus libéraux que ceux de mes adversaires, qui nous enchaînent comme esclaves aux volontés de la multitude, iniques ou équitables, humaines ou féroces, il n'im-

______

(1) *Voyez* mon second écrit, intitulé : *Nouveaux Déve-loppemens*, etc., depuis la page 22 jusqu'à la pag. 37.

porte. Oui , sans doute, j'aime la justice et la liberté ; et si je suis royaliste , c'est parce qu'en France j'ai bien autrement la certitude de les voir fleurir sous la royauté , même absolue , que je n'en aurais sous quelque forme de république qu'on veuille l'imaginer , et parce que, dans tous les pays mêmes, les conséquences des principes turcs ou maroquains sont , à mes yeux , bien moins effrayans pour l'inviolabilité des propriétés et l'indépendance des personnes , que ne le sont les anarchies , tout à la fois démocratiques et ultra-despotiques , qui fermentent encore dans toutes les conceptions des sectateurs de nos doctrines philosophiques.

Mais ce penchant vers la liberté , cette idée , que je me fais de la sainteté des droits que l'auteur de notre être a imprimés au fond de notre ame , ne m'empêche pas de reconnaître la force de nos devoirs. J'ai fait remarquer dans la note (*p.* 139) que le Prince était l'homme de tous, et qu'une injustice particulière ne pouvait faire perdre de vue l'éminente qualité dont il était revêtu , et ne laissait envers lui que les moyens de représentation , de résistance inerte , ou de fuite. J'aurais pu ajouter encore , qu'en se soumettant au gouvernement du Monarque , on n'avait pas certainement entendu qu'il ne tomberait jamais dans l'erreur ; ce qui réduisait les injustices qui pouvaient être censées rompre le traité entre le sujet et le Prince, à celles qui auraient été commises sciemment, et sur lesquelles le sujet, à son tour, ne se serait pas trompé dans le jugement qu'il en aurait porté; enfin, de conséquence en conséquence, il ne m'a pas été difficile d'arriver aux maximes que la religion elle-même fait entendre sur l'obéissance des peuples : souffrir pour soi-même avec résignation, s'il est impossible de se soustraire à l'injustice autrement que par des actions tendant au bouleversement de la société; éviter pour les autres toute participation à des actions criminelles de la part du Prince; mettre sa confiance dans les institutions qui sont faites pour porter la vérité sous les yeux des rois, et pour leur faire sentir l'aversion universelle contre la tyrannie, et les dangers même qu'elle entraîne avec elle; ne jamais recourir à des ligues, qui, faisant naître la rébellion dans toutes les classes d'une nation, produisent nécessairement l'anarchie et la destruction générale, voilà le résultat de ma doctrine, qui établit si peu d'égalité entre les dangers que l'on court par le despotisme et ceux où entraîne l'anarchie, que ce n'est que pour sortir de celle-ci, et par conséquent, pour n'y pas retomber, que les hommes se rangent sous les autorités gouvernantes; et si j'ai fait observer tant de fois et avec tant de détails, que les moyens à employer contre le despotisme tendaient nécessairement plus ou moins vers l'anarchie, cela n'a pas signifié que lorsqu'on en faisait usage dans certaines circonstances, et dans l'institution de certains pouvoirs secondaires, il fallût pousser la force du remède à l'extrême, jusqu'à la dissolution du corps malade ; loin de là, la prédilection de mes principes pour ce qu'on appelle l'esclavage du genre humain n'a pas permis d'étendre au-delà des secrètes dispositions de mon ame, la mention flatteuse que l'on a faite de mon penchant vers la liberté, et les explications renfermées dans mon second écrit ont été trouvées si formelles, qu'on ne m'a plus représenté ainsi qu'on l'avait fait précédemment, comme plaçant en sentinelle l'universalité d'une nation pour se révolter à la première infraction du pacte d'équité qu'elle croirait apercevoir de la part de son souverain. On a abandonné ce point d'attaque, et le silence que j'ai obtenu, a prouvé que ma doctrine n'avait rien innové sur l'obéissance que les sujets doivent à leur prince, mais qu'au contraire, elle ne faisait que répéter littéralement les maximes que des temps plus heureux, et j'ose dire plus libres que le nôtre, avaient consacrées par une religieuse vénération.

Les objections faites contre l'autre proposition, seraient plus sérieuses, par les conséquences où elles pourraient mener, si elles étaient mal résolues, et elles demandent, pour être traitées plus convenablement, un chapitre tout entier.

CHAPITRE XXVIII.

Les émigrations dont il est parlé dans le chapitre précédent, ne sauraient être considérables. Le traité de protection et d'obéissance entre le Prince et le sujet, peut être interrompu par une force majeure. Il reparaît dans toute sa vigueur, à l'extinction de cette force. Le conquérant du dehors ne peut exiger qu'une obéissance passive. L'usurpateur du dedans n'est qu'un sujet rebelle. On est excusable de n'avoir pas connu ce principes ; on serait coupable de les rejeter par un sentiment d'amour-propre.

Ces objections concernent la liberté que je laisse aux différens citoyens d'aller s'établir sous des lois étrangères, lorsque le souverain a renversé celles qui, jusques-là, avaient toujours été regardées comme formant les bases de l'Etat ; j'ai dit plus haut , que la révolution opérée en 1772 par le Roi de Suède , Gustave III , nous donnait un exemple d'une pareille circonstance.

Je commence par réfuter , en peu de mots, la crainte exagérée qu'on serait peut-être tenté de concevoir , des émigrations que les conséquences de ma doctrine pourraient amener avec elles : 1°. ces changemens , fondamentaux et subits , sont heureusement fort rares , et ils n'ont lieu , dans les pays monarchiques , que lorsque le pouvoir royal est mêlé d'autres pouvoirs , qui se prétendent ses égaux , et même ses supérieurs ; ce qui donne une complication d'idées et d'intérêts peu favorables à la tranquillité publique. 2°. On tient à son pays par trop de liens et par trop de rapports , pour que la résolution de le quitter puisse être prise par un grand nombre de citoyens. Ce que le Prince , en pareil cas , a bien plus à craindre , c'est , au contraire , que les mécontens évitent de se déclarer ouvertement , et préfèrent de rester dans le pays natal, pour y faire une guerre sourde , jusqu'à ce qu'ils puissent éclater.

C'en est assez sur la première objection ; il faut aborder les inductions bien plus importantes, par lesquelles on prétend démontrer l'extrême danger de ma proposition. C'est principalement en vertu de ces inductions, que plusieurs royalistes eux-mêmes se sont unis à mes constans adver-saires, pour se créer des craintes, qui, j'ose l'affirmer, n'ont aucun fondement raisonnable.

Pourqnoi, m'a-t-on dit, laissez-vous la faculté de se retirer à l'homme qui n'a pas accepté les changemens fondamentaux intro-duits par le Souverain ? C'est qu'il n'est censé ne s'être soumis à ce dernier, que sous des condi-tions qui ne concordent pas avec ces change-mens. Allons plus loin, et voyons les consé-quences de l'existence de conventions entre le sujet et le Prince. Eût-on même poussé la com-plaisance pour votre doctrine, jusqu'à en ré-duire les conditions à une seule, celle d'être gouverné suivant l'équité naturelle ; que résulte-t-il de cette condition que vous avez admise vous-même comme base de toute soumission ? Vous en convenez aussi : un traité de protec-tion et de justice, d'une part, et d'obéissance de l'autre, c'est un pacte entre deux parties contractantes : or, un pacte peut être détruit, non-seulement par l'infidélité que met l'une ou l'autre de ces parties, à en remplir les condi-ditions (on veut bien encore ne point insister sur ce point) ; mais, de plus, par toute force majeure qui vient en rendre l'exécution impos-sible. Ainsi, du moment que mon protecteur sera renversé par un ennemi plus fort que lui, ou même qu'il ne pourra plus me protéger efficacement, je n'aurai plus de devoir à remplir, et je serai libre de choisir le nouveau protecteur qui me conviendra. Cette conclusion, même en révolution, a des conséquences manifestes; mais j'affirme qu'elle est fausse, et qu'elle se réduit à cette vérité, que personne ne peut contester : Tant que la force majeure subsiste, il est certain que le traité ne pouvant pas être exécuté, ne saurait être obligatoire; mais dès que les obstacles qui en interrompaient l'exécution ont disparu, les obligations réciproques renaissent, et le traité se revêt de nouveau de toute sa force.

Les engagemens que l'on contracte politiquement envers l'autorité qui protège, durent autant que la vie; en voici la raison : Ce n'est point d'une entreprise ou d'une guerre du moment qu'il peut être question; le but de l'engagement est d'être protégé contre des périls sans cesse renaissans. Si la société, formée par la soumission au même pouvoir gouvernant, ne conservait pas ses forces et son ensemble, elle serait la proie du premier occupant venant du dehors, ou du premier factieux agissant au-dedans. En un mot, la société doit toujours être comme une armée rangée en bataille, pour effrayer les conquérans étrangers et les méchans règnicolés. C'est par ce bel ordre, et c'est par lui seul, qu'elle peut conserver une paix durable ; et celui qui abandonne les rangs est un lâche, ou un traître.

Ces données suffisent pour confondre tous les principes révolutionnaires.

Lorsque parvenu à l'âge de raison , on jouit des bienfaits que le gouvernement sous lequel on est né répartit à tous ses sujets ; que dans la faiblesse de l'enfance , on a trouvé le secours des institutions de ce même gouvernement, pour devenir ensuite un homme fait ; que toujours sous la même protection, on a recueilli les successions de ses pères et de ses parens , fait des achats et des ventes , embrassé une profession ou un état, contracté mariage, etc. , on a donné toutes les preuves que, puisqu'on acceptait les avantages garantis par l'autorité , on se soumettait aussi aux devoirs qu'elle exigeait de nous ; et peut-être serait-il assez à propos qu'à l'âge de majorité , par exemple, on fût tenu , dans tous les pays , de renouveler cet engagement de la manière la plus solennelle. Quoi qu'il en soit de cette formalité , qui ne peut être que surérogatoire, tant les obligations sont manifestes , toujours est-il vrai qu'une fois que ces obligations

existent, on ne peut jamais être admis à abandonner son Prince, sous le prétexte d'aller
chercher quelque nouvelle protection plus
puissante et plus avantageuse. L'engagement
contracté avec l'autorité qui nous gouverne,
est un service dans lequel on entre, non-seulement pour toute la vie, mais encore à l'ex-
clusion de tous les autres, et contre tous les
ennemis, quels qu'ils soient, puisqu'autrement
chacun étant maître de se dégager, à l'aide
des allégations les plus misérables et à la première occasion, il n'y aurait plus rien d'assuré,
et qu'au lieu de vivre sous un gouvernement,
on se transporterait de nouveau dans tous les
désordres de l'anarchie primitive.

On conçoit cependant, comme je l'ai posé
en principe, qu'une force majeure venant à
renverser le monarque, l'obéissance envers lui ne
puisse plus exister ; mais de deux choses l'une :

Ou cette force est venue du dehors, et
alors c'est un conquérant qui s'empare de l'état
et du trône ; or, tant qu'un traité avec le prince
qui a perdu sa couronne, ne vient pas consacrer le nouvel ordre de choses, il est de principe qu'une obéissance passive est tout ce que le
vainqueur peut attendre des sujets vaincus ; et s'il
se trouve des ames généreuses qui fassent tous
leurs efforts pour donner de nouveau l'entrée de

ses provinces à leur véritable Roi , elles sont dignes de récompense ; et si elles succombent dans leur entreprise , on les range au nombre des victimes de la fidélité ; et malgré les imprécations du conquérant , elles sont en honneur dans toute la postérité.

Ou la force qui s'empare du trône au lieu de venir de l'ennemi du dehors , se trouve chez des factieux de l'intérieur , qui ont l'audace sacrilége de ceindre la couronne de leur Roi ; et ce que je viens de dire des devoirs et de la constance des sujets fidèles , est-il moins applicable à ces malheureuses circonstances qu'aux premières ? Ce pouvoir bien plus odieux que le pouvoir de conquête, ce pouvoir d'usurpation, en un mot , devient-il plus sacré que l'autre , parce que ce sont des soldats rebelles qui le soutiennent ? Que parlent-ils de citoyens envers ceux qu'ils trahissent et qu'ils tyrannisent ? Que ne le redeviennent-ils eux-mémes, en abjurant le parti qui les rend coupables ? Est-ce à la fidélité à se lier au crime , ou au crime à rentrer dans les rangs de la fidélité ? Il est bien surprenant, bien scandaleux que l'obéissance passive soit accordée aux habitans des provinces conquises par des vainqueurs étrangers , et qu'on ait prétendu obliger, par devoir, les sujets fidèles à entrer dans des guerres actives contre leurs Princes légitimes , lorsque c'étaient des séditieux qni leur enjoignaient de le faire. Il est tout aussi scandaleux , et encore plus déplorable , que pendant trente ans, par un renversement d'idées dont il n'y a pas d'exemples dans l'histoire , les spoliateurs ayent donné leurs propres noms aux victimes de leurs forfaits , et que les titres d'infamie et les châtimens qui n'appartiennent qu'à la rébellion , soient devenus le partage du citoyen fidèle ; et il est plus que temps , pour ne pas voir dégrader l'intelligence humaine au-dessous de la condition des brutes , que les doctrines qui autorisent de pareilles subversions , retournent vers leur source , et s'ensevelissent pour jamais dans les gouffres infernaux , avec l'esprit de ténèbres et d'orgueil qui les enfanta, et qui, pour la perte des hommes , les a semées sur toutes les parties du globe.

Les efforts des révolutionnaires viendront toujours se briser contre ces vérités, qui les accablent ; et, malgré leurs sophismes, il sera toujours incontestable que les chefs de leurs différens gouvernemens étaient des sujets de nos Rois légitimes ; que Buonaparte , leur empereur , avait été élevé par les soins et par les bienfaits de ces Rois ; qu'il avait prêté serment de les servir jusqu'à la mort , et qu'aucun de

ces usurpateurs ne pouvait se faire un titre
de l'infidélité du reste des Français , puisque
tous , à commencer par eux-mêmes, ils n'a-
vaient qu'à rentrer dans le devoir , pour que
ce titre disparût ; et il n'est pas moins évident,
ainsi que je viens de l'établir, que s'ils se char-
geaient de demeurer dans le crime, et d'en
faire le fondement de leur règne , ils n'avaient
aucun droit, de forcer les sujets loyaux et fidèles d'y prendre une part active , et de devenir
leurs complices.

Les expressions dont je viens de me servir,
quoiqu'exactes en elles-mêmes , pourront paraître dures si on les applique à des hommes
qui , n'ayant pas connaissance des vrais principes , ont vécu dans l'erreur , et se sont peut-
être imaginés qu'ils suivaient les lois légitimes,
lorsqu'ils s'en éloignaient avec le plus de force.
Dès qu'ils étaient dans la bonne foi , le crime
n'a pas existé pour eux ; on ne pourrait commencer à le leur reprocher que si , dans la
crainte d'avouer qu'ils se sont trompés , ils
persistaient opiniâtrément dans leurs pensées ,
et s'efforçaient d'écarter la lumière qui viendrait s'offrir à leurs yeux ; c'est alors que
mes observations ne leur seraient pas étrangères ; jusques-là elles ne concernent que les
fauteurs et adhérens des évènemens désastreux

dont la France a été le théâtre , lorsqu'ils ont parfaitement connu que leur conduite était illicite et leurs principes erronés. Le nombre en est peut-être beaucoup moins considérable qu'on ne le pense; mais, quoi qu'il en soit, la certitude de ma doctrine ne peut souffrir aucune atteinte de ces considérations secondaires, et les grands coupables n'ont aucun droit de s'offenser de mes paroles ; si la vérité est devenue hideuse , ils l'ont rendue telle , qu'ils sachent donc la supporter.

CHAPITRE XXIX.

*Buonaparte et tous les usurpateurs de la ré-
volution étaient sujets de la dynastie des
Bourbons. S'associer à leur rébellion était
une action illicite. Les enfans des sujets d'une
dynastie renversée du trône sont coupables
envers leurs parens , s'ils n'embrassent la
cause de cette même dynastie. Ils n'ont aucun droit sur le sol. Ce n'est qu'à la longue
que le terrein subit une transformation politique. Idée sur la prescription. La prescription centenaire n'est pas de trop pour
légitimer les droits des nouvelles dynasties.*

Ainsi donc , pour me borner au dernier gouvernement que la révolution avait imposé à la
France, ni Buonaparte , ni ses frères , ni sa famille , ni ses dignitaires , ni ses conseillers, n'a-
vaient aucune allégation à faire valoir de l'infidélité d'un grand nombre de français : nés
sujets, ils n'avaient aucun droit d'offrir en France
leur protection souveraine à qui que ce soit, sans
lui proposer en quelque sorte de devenir leur

complice ; en un mot, rebelles eux-mêmes, ils règnaient sur des rebelles qui n'étaient excusables que par leur profonde ignorance; les Français fidèles qui se condamnaient à la nullité par la nécessité de pourvoir à leur propre existence, ne pouvaient renoncer à l'entière passivité de leur rôle dans rien de ce qui touchait directement à la cause de leurs rois; l'hospitalité qu'ils recevaient de la politique, ou même, si l'on veut, de la bienveillance de grands criminels, n'était pas un motif suffisant pour les engager à se rendre eux-mêmes coupables, en participant à la violation qui ravissait le trône à ses légitimes possesseurs. Le présent de la vie, que nous recevons de la générosité d'un chef de meurtriers qui courent les grands chemins, ne peut nous autoriser à nous enrôler dans sa bande, ni même à lui promettre de ne pas défendre les voyageurs contre ses attaques, dès que nous trouverons la possibilité de le faire. Il est hors de doute que les sujets dévoués à leur roi eussent été répréhensibles de troubler mal à propos le repos des hommes ; mais lorsqu'un espoir bien fondé du retour de la justice venait s'offrir à leurs yeux, le devoir reparaissait avec toutes ses obligations, et la seule manière qu'ils eussent de satisfaire à la reconnaissance était de vanter publiquement les bienfaits qu'ils avaient reçus, d'employer toutes les voies de persuasion auprès des bienfaiteurs, pour les engager à rentrer dans une soumission qui mériterait l'oubli de leur faute, de protéger leur vie autant que la cause du prince pouvait le permettre, et de solliciter pour eux la clémence royale en faveur des nobles sentimens dont ils avaient à rendre témoignage. Nos raisonneurs modernes déclameront en vain contre la situation précaire où peut se trouver une nation dans de telles circonstances ; ils tonneront en vain contre les mœurs dissimulées qui ne peuvent manquer de s'introduire dans ces temps de malheurs publics : la nature plus forte que toute leur éloquence attestera toujours, par de longues et affreuses dissensions, la témérité sacrilége de renverser les dynasties ; et elle l'attestera pour le bonheur des hommes, pour qui, sans l'indissolubilité des engagemens, il n'y aurait plus de société, et qui verraient sans cesse des soldats parjures, et d'audacieux conspirateurs, tenter, par la révolte et par le crime, de se placer sur le trône, s'il ne leur fallait qu'un coup heureux et qu'un moment de force pour avoir droit de s'y asseoir, et de régner avec le calme de la légitimité.

Mais enfin, me dira-t-on, en vous accordant que les Français, nés sous le règne de nos princes , ont eu grand tort de se laisser entraîner à des rébellions , et que leurs devoirs de sujets n'ont pas cessé d'exister, étendez-vous jusqu'à leurs enfans l'obligation de respecter une autorité, dont à aucune époque de leur vie ils n'ont ressenti les bienfaits ni la protection ?

Oui sans doute , répondrai-je , et la raison en est évidente : les pères de ces enfans ne peuvent pas argumenter des révoltes où ils ont pu tremper ; s'ils ont failli ou s'ils persistent encore, la raison ni la loi ne leur en savent aucun gré , ni ne leur permettent d'en tirer aucun avantage; elles doivent l'ignorer entièrement , dès qu'il s'agit de régler leurs rapports avec d'autres hommes. Ils sont tous au nombre des sujets fidèles. Or , s'ils ont une ame droite, pourraient-ils supporter que leurs enfans s'armassent contre la cause qu'ils doivent défendre? Ces enfans ne deviendraient-ils pas des parricides ? leurs pères n'auraient-ils pas le droit, que dis-je , ne serait-il pas de leur devoir de disposer de leurs biens pour le soutien de l'autorité qui les leur avait garantis , et d'exhéréder une descendance criminelle ? Ainsi donc ces fils dénaturés , et leurs femmes aussi coupables qu'eux, pourraient, en se prétendant libres de tout engagement , renoncer à l'héritage paternel et aller dans des pays lointains cacher leur honte et le roi cor-

rupteur qu'ils voudraient se **donner**; mais , **sur**
la terre natale , nul établissement public, nulle
propriété , nul encouragement ne saurait leur
advenir. Je sais que nos jeunes publicistes , qui
ont sucé le lait de l'indépendance et de l'anarchie, seront fort étonnés d'apprendre que, s'ils
ne se rangent, dans la sincérité de leurs cœurs,
sous les lois de nos augustes et légitimes maîtres, ils n'ont, en justice rigoureuse, rien à demander des biens de leurs parens, et qu'ils deviennent des étrangers foulant partout un sol
qui n'a plus rien de commun avec eux ; mais
s'ils surmontent leurs préventions , comme ils
le doivent , et s'ils ne veulent pas s'écarter du
chemin que leur trace l'intraitable logique , ils
conviendront de la vérité de mon principe , et
ils en conviendront avec une conviction d'autant plus grande, que jamais, pour le défendre,
ils ne me verront recourir à des notions différentes de celles que nous fournit l'observation
de la nature.

Il est connu en effet que , par instinct, par
habitude de famille et par devoir, les sentimens
des pères sont presque toujours embrassés par
les enfans; c'est ce qui, dans les révolutions, pro-
longe très-souvent les discordes civiles pendant
des siècles entiers; mais des sentimens criminels cessent d'être respectables et ne doivent

pas se perpétuer ; il faut donc y renoncer et ne raisonner que d'après ceux que, des enfans bien nés supposent toujours chez leurs pères, quelque. crainte qu'ils puissent avoir sur leur peu de réalité.

Cependant si le malheur des temps fait durer le pouvoir illégitime dans une suite de générations, alors je conviendrai à mon tour que, dans la marche de la nature, les traces des fautes et des crimes s'effacent, et je me rappèlerai le principe que la faiblesse humaine doit adopter en toute chose : la prescription.

Ce principe est peut-être plus équitable, et s'étend plus loin qu'on ne pense. En effet, un bien usurpé, et enlevé par une violence ouverte, ne saurait jamais demeurer aux mains de celui qui s'en est emparé. Le crime est trop connu et la possession trop scandaleuse ; mais remarquons que la propriété n'offre pas une idée simple ; laissée à elle-même, elle ne consiste que dans une matière informe et dans des champs incultes. Le labeur et les peines lui donnent seuls une valeur, et lui créent une seconde existence : le fils de l'usurpateur, enfant au moment de l'usurpation, quoique par la suite il devienne coupable, en retenant le bien qui ne lui appartient pas, n'a pas trempé directement dans la spoliation : dès ses jeunes années, il a

pris l'habitude de considérer cette propriété ,
dont presque toujours on lui a voilé la source
impure , il a pris l'habitude , dis-je, de la considérer comme l'objet de ses soins et la ressource de sa vie ; les fils du propriétaire dé-
pouillé ont porté ailleurs leur industrie et leurs
vues ; les petits-enfans et arrières petits-enfans ,
à leur tour , perdent encore davantage la mémoire des faits , et s'identifient de plus en plus
avec la situation des choses ; enfin il vient un
temps où la longue possession , l'assiette dans
les mêmes biens et la suite de mêmes travaux
héréditaires , l'emportent sur les vices de l'origine de jour en jour plus obscurs ; je crois qu'on
peut dire alors , avec vérité , que la propriété
a changé dans sa nature.

Ainsi, lorsque par suite d'un changement de
dynastie , les enfans chargés de malédictions
s'emparent, comme par force, de la succession
de leurs pères, toujours censés , aux yeux de
la justice, être morts dans des sentimens de fidélité à leurs princes, cette génération n'est pas
exempte de violence et de crime ; et, si elle veut
rentrer dans la ligne du devoir, elle ne saurait
hésiter dans le choix du gouvernement auquel
elle doit se soumettre ; mais enfin , plus les générations se succèdent, plus les obligations vont
en s'affaiblissant. Il est vrai que cette fois, l'ori-

gine des choses est si éclatante et si peu capable d'être oubliée, que le laps de temps n'est qu'un léger remède à un si grand scandale; mais, d'un autre côté, la plupart des individus qui ont vécu aux jours de l'usurpation, n'en ont été que des instrumens presque passifs; il serait dur pour un grand nombre d'entr'eux, lorsqu'il leur a été impossible de changer le cours des évènemens, de penser que leur descendance n'aurait jamais de titre suffisant pour se perpétuer dans l'héritage de ses pères; on peut donc, ce me semble, avancer comme un point de doctrine fondé en raison, que par l'extinction de l'ancien gouvernement, une nouvelle société s'étant formée, non pas dans la personne des sujets révoltés (car leurs premiers liens n'ont jamais été dissous), dans leur descendance, il vient un temps où cette même société, sans manquer à la justice, peut enfin dominer sur un sol qui, peu à peu, a subi une sorte de transformation politique, mais dont la première possession, très-coupable chez plusieurs, fut toujours entachée d'irrégularité, même dans les familles le moins appelées, ce semble, par leur rang et par leur puissance, à influer sur les évènemens, et à faire de grands sacrifices au devoir.

Ce changement de protection et de société, légitimé par la succession des temps, peut servir de réponse à certains démagogues qui, chez nos voisins, ne voient d'autre titre à la maison ré-gnante que le choix d'un peuple souverain. Disons-le, l'origine du pouvoir de cette maison fut nécessairement vicieuse, mais les sujets de la précédente dynastie étant tous morts, et leurs descendans ayant vu plusieurs générations effacer ce qu'il y avait d'illégal dans l'occupation du terrain, les choses ont changé de face, et la prescription est parvenue à la plénitude de ses droits. Si cependant il était question de fixer parmi les peuples le temps où cette prescription doit être au-dessus de toutes les allégations, les trônes usurpés sont à mes yeux, je l'avoue, quelque chose de si effrayant pour la tranquillité des nations, que je demanderais en matière aussi grave la prescription centenaire comme la seule qui, par la mort de tous les contemporains et de tous les témoins oculaires, n'a plus rien à redouter de la mémoire des hommes. La Providence a voulu que le trône de Saint-Louis fût rétabli dans notre France, long-temps avant que l'apparence d'une seule question douteuse pût y être élevée : en considérant les malheurs de tous les pays où la légitimité s'obscurcit, nous devons lui en rendre d'éternelles actions de grâces !

CHAPITRE XXX.

Les principes de l'Auteur sont bien plus favo-
rables à la légitimité, que les interprétations
dogmatiques qu'on a voulu tirer d'une source
sacrée. Toute puissance vient de Dieu. Mais
la force n'est pas puissance sans le droit. Les
paroles du Divin fondateur de notre Religion,
sur cette matière, ont été prononcées dans
des circonstances entièrement conformes à
celles dont l'Auteur a parlé dans le précé-
dent Chapitre.

Sɪ quelques personnes, qui ne peuvent penser
sans horreur aux usurpations, n'envisageaient
qu'avec peine le lointain où mes principes cessent
quelquefois de refuser à la possession une con-
solidation définitive, je leur dirais : quelle doctrine plus consolante et plus vraie pouvez-vous
substituer à la mienne ?

Ne voyez-vous pas au contraire, qu'elle est
diamétralement opposée à ces maximes prétendues sacrées, dont les suppôts de l'usurpation
ont offusqué les ames timorées ; moi, je dis

comme eux, toute puissance vient de Dieu,
puisque l'édifice que j'élève repose, dans sa base,
sur la protection que m'offre un plus fort ou un
plus puissant que moi; c'est de Dieu que cet
homme choisi par lui tient cette force; c'est
Dieu même qui le place pour être mon réfuge,
et pour me donner son secours dans le sentiment que j'ai de ma propre faiblesse; mais il
faut que sa puissance soit suivant la justice; le
méchant me fait horreur, et ne reçoit pas mes
engagemens.

Rendez, me disait-on, à César ce qui appar-
partient à César; mais, lorsque Jésus-Christ
prononçait ces paroles, la seule protection qui
fût au monde, était celle de César. Ce César
était le successeur d'Auguste; depuis plus d'un
siècle, l'existence réelle de la République avait
disparu, et déjà l'on comptait une suite de plusieurs générations depuis que Pompée avait subjugué tous les royaumes de l'Asie; et l'on a pu,
confondant tous les évènemens et toutes les
époques, faire de ces paroles une maxime, pour
m'obliger de respecter la force partout où je la
trouverais, et sans doute jusques dans les animaux féroces, puisqu'un tigre, dans le sens
qu'on a voulu faire prévaloir, bien qu'il ne connaisse pas l'équité, ne s'en fait pas moins craindre
partout où il porte ses incursions, n'en jouit pas

moins d'un grand pouvoir, n'en est pas moins
une puissance. On s'est empressé d'assurer le
trône au premier occupant, pourvu qu'il fût un
usurpateur heureux ; et l'on a poussé la dérision,
au point de calculer la légitimité de la couronne
qu'il se plaçait sur la tête, par le nombre de
puissances étrangères qui consentaient à traiter
avec lui, comme si la justice avait quelque chose
de commun avec cette reconnaissance, et dé-
pendait des paroles des hommes, comme si là
frayeur ou la politique du dehors pouvaient
commander à nos devoirs. Rougissons, ou plutôt, indignons-nous de voir qu'on ait essayé de
faire servir une religion de vérité à cette œuvre
de mensonge, et quant une suite d'observations
nous montre la nature et l'équité marchant d'un
même pas dans les hautes questions du pouvoir,
ayons toute confiance que des établissemens
lents et successifs de nouveaux gouvernemens,
lorsque l'inclémence du Ciel a voulu consommer les grandes snbversions, sont le seul point
de doctrine que consacre une religion aussi
sainte.

CHAPITRE XXXI.

Rectification de la maxime in medio virtus. *La vérité est une : toute vertu est positive, et se porte dans une direction. L'excès fait le vice. Attributs divers de la modération. Cette qualité n'a rien de contraire à la certitude des principes. L'Auteur croit les siens incontestables. Le plus grand talent ne saurait à ses yeux tirer parti de la cause défendue par ses adversaires.*

Ici se terminent toutes les objections qu'on m'a faites dans tous les genres ; il en est cependant une générale que les esprits timides sont toujours tentés d'élever contre les théories qui, dans certaines questions, se prononcent d'une manière absolue ; cette objection, je veux la prévenir.

Soyez modéré, s'écrie-t-on ; nous ne vous croyons plus, dès que nous vous voyons hors de certains tempéramens qui nous charment ; revenez dans les milieux, *in medio virtus,* voilà le grand principe que nous ne cesserons de vous opposer.

Qu'entend-on par là ? Ce principe est à peine applicable en morale, il est hors de propos dans les sciences.

J'ai lu dans un profond penseur que la vérité était *une*, et j'en ai profité.

Dites à un mathématicien, « qu'il faut ob- « server un milieu dans telle ou telle proposi- « tion de géométrie, » vous verrez ce qu'il vous répondra ; mais pour couper court à de vaines discussions, prenons des exemples dans la conduite même de la vie, puisque *c'est* elle seule que le précepte concerne.

Il semble, en effet, que lorsqu'on dit à un homme : Ne soyez ni téméraire, ni pusilla- nime, ni prodigue, ni avare, on lui dit : Ob- servez un juste milieu entre ces deux extrêmes.

Mais, en y regardant de plus près, on voit que ce n'est point là le sens de la pensée que l'on a dans l'esprit, et que si on voulait en- tendre dans la rigueur l'expression : *observez le milieu*, ce serait dire de n'être rien ; le milieu en vertu étant précisément la même chose que le point en mathématiques, et l'équilibre en politique, c'est-à-dire, le néant, ou l'inaction la plus absolue.

Pour le faire sentir, rapprochons-nous dans les expressions de ce même milieu, sans cepen- dant nous y placer entièrement ; et au lieu de

dire : Ne soyez ni téméraire , ni pusillanime ,
ni prodigue, ni avare, disons : Ne soyez ni
courageux , ni prudent, ni libéral , ni économe.
Ne voit-on pas que ces paroles n'ont plus de
sens , et réduiraient l'homme à une nullité com-
plète.

Toute vertu doit être active , et par conséquent, doit tendre vers un effet dont l'excès
devient vice ; ainsi, dans le péril, il faut être
courageux, mais non pas jusqu'à l'aveuglement.
Il faut, dans les entreprises, peser le pour et
le contre, en un mot, être prudent, mais non
pas jusqu'à la faiblesse d'ame et à la minutie. Il
faut dans l'occasion savoir dépenser, mais non
pas sans mesure et à tout venant ; il faut aussi
régler l'usage de ses revenus, et les ménager avec
soin , mais non pas jusqu'à des épargnes sor-
dides et qui nous ravalent dans l'esprit de nos
semblables. Ainsi , qu'on y prenne garde , le
courage, la prudence, la libéralité, l'économie,
sont toujours hors du point de nullité , hors du
milieu. Ce sont des vertus positives , et la vraie
maxime doit être de les posséder toutes , de pratiquer chacune d'elles dans les circonstances qui
lui sont propres , et d'en éviter soigneusement
l'excès.

La modération ne consiste donc pas à n'avoir
aucune qualité déterminée, mais plutôt à nous

efforcer d'acquérir toutes celles qui conviennent à l'homme, en ayant soin de ne pas les porter au-delà des justes bornes, car tout est bon en sortant des mains du créateur , et c'est dans l'excès que réside le mal.

Cette modération, qu'on nous recommande avec un si grand soin, ne peut consister davantage à n'avoir aucune opinion fixe en politique ; mais à savoir que tous , tant que nous sommes , nous nous trompons fréquemment ; que nous sommes tous un peu plus ou un peu moins faibles , que l'indulgence n'est méséante chez personne , et que la sévérité n'est bonne qu'envers l'opiniâtreté volontaire et la corruption. Telle est la modération , et je la professerai toute ma vie.

Si l'on veut encore parcourir quelques-unes des dispositions qu'elle suppose dans notre ame, on verra qu'elle nous apprend à ne pas préférer notre savoir à celui des autres , à étendre nos vues au-delà du genre de connaissances ou d'industrie que nous cultivons , à n'y pas renfermer l'univers, à ne pas disconvenir, dans les pays où fleurit le commerce , que l'agriculture ne soit d'une haute importance , et chez une nation agricole, que le commerce ne procure de grands avantages ; à concevoir, pour gouverner, d'autres moyens que la force, si l'on est militaire ; et si l'on est homme de palais, à ne pas oublier qu'avant tout, le monarque doit protection et préservation à son peuple , et à ne pas voir l'état uniquement dans les lois, quelqu'indispensable qu'en soit l'exacte observation dans le cours ordinaire des choses : on reconnaîtra encore que cette modération ne cesse de nous tenir en garde contre la précipitation de nos jugemens ; qu'elle nous commande de ne point prononcer, avant d'avoir, autant qu'il est en nous , examiné les questions sous toutes les faces , et dissipé toutes les obscurités que notre conviction n'avait pas encore surmontées. En un mot, elle nous fait un précepte inviolable de la bonne foi avec nous-mêmes, de l'aveu de notre ignorance dans ce que nous ne connaissons qu'imparfaitement, et du doute toujours prêt à reparaître , même dans ce qui nous semble le plus évident , dès que des réflexions nouvelles se produisent et nous montrent des endroits faibles que nous n'avions pas soupçonnés.

Si l'on n'a pas cette modération, on ne doit pas songer à réfuter mes écrits, car elle seule fait trouver la vérité ; et je ne me suis pas contenté de la recommander aux autres, je me suis efforcé, moi-même, d'observer dans mon travail, sans y manquer un seul instant, les procé-

dés, et la méthode dont elle me faisait un devoir.
Mais une fois que je crois être certain de ne m'en
être écarté dans aucune rencontre, je ne crains
pas d'avancer que les solutions où j'ai cherché
continuellement à ramener le lecteur, sont
pour moi des vérités incontestables et absolues
dans la force du terme.

Elles ne sont pas en très-grand nombre, mais
je les regarde comme de la plus haute importance, parce qu'elles renversent par la base, les
systèmes qui ont fait le malheur des temps modernes, et qui menaceraient de replonger le
genre humain dans tous les désordres dé la barbarie, si la fausseté des vains prestiges qui cou-
vrent leur néant, n'apparaissait enfin à tous les
esprits. Qu'on ne me sache donc pas mauvais
gré de les avoir répétées dans toutes les pages du
nouvel écrit que je présente au public ; dans
d'autres circonstances, je l'eusse rédigé tout autrement ; je n'aurais pas voulu courir le risque
de fatiguer la patience du lecteur, en lui re-
mettant sous les yeux, avec une infatigable
persévérance, des principes auxquels il aurait
donné dès l'abord, le plus entier assentiment.
Mais aujourd'hui, des préjugés sans nombre,
s'élèvent au-dessus de ma faible voix, et dé-
tournent loin de mes paroles l'attention de
mes concitoyens, je me rappellerai donc le

précepte que j'ai lu quelque part dans Voltaire, et qui m'a frappé, quoique cet écrivain célèbre en fît usage dans un autre sens que le mien. Je redirai les vérités, et j'y reviendrai tant de fois, qu'elles ne seront pas perdues pour tout le monde ; dans toutes les assemblées où m'appelleront des fonctions publiques, je tiendrai pour doctrine incontestable, que le Gouvernement est le lien commun des citoyens d'un Etat ; qu'avant d'espérer dans l'appui de son souverain, de recourir à lui, et de lui promettre fidélité, qui que ce soit au monde n'a songé à former une société directe, et des engagemens avec des hommes dont il ignorait souvent jusqu'à l'existence ; qu'un gouvernement représentatif est une contradiction manifeste dans les mots, et une pitoyable confusion dans les idées ; que jamais on ne peut représenter celui à qui on donne des lois, et dont on n'exécute pas constamment la volonté textuelle ; qu'en vain on est élu par lui, que cette élection, fait de l'envoyé un régulateur, un magistrat revêtu de pouvoir, mais jamais un représentant ; que des pouvoirs indépendans sont nécessairement incohérens ; qu'il ne marchent que parce qu'il en est un qui l'emporte sur les autres ; que ceux qui sont forcés de céder momentanément se réservent la victoire

pour d'autres circonstances ; qu'ils deviennent
ennemis ; que si, dans une semblable réunion,
des mains habiles ne parvenaient, par des
prodiges de dextérité, à maintenir l'unité dont
la nature nous a donné l'exemple dans tous
ses ouvrages, il n'est pas de pays où le corps
politique, après avoir vacillé au hasard dans
un sens et dans un autre, ne périt bientôt
au milieu des plus affreux déchiremens ; qu'il
est cependant de la plus grande utilité que
des corps, les uns, connaissant de près les
besoins du peuple, les autres, intéressés par-
dessus tout au maintien de l'ordre public,
éclairent la religion du Prince, et lui présentent l'irrésistible vérité ; mais qu'ils ne
doivent pas ignorer un seul moment que le
Monarque peut, au besoin, se ceindre de toute
sa force, imposer silence aux factions, et sauver
son peuple.

-Voilà ce que je dirai et ce que je ne cesserai
jamais de dire, jusqu'à ce que j'aye obtenu
de l'orgueil humain de faire un retour sur ses
pensées, et de les soumettre à de nouveaux
examens. C'est assez faire entendre combien je
suis peu disposé à accepter la qualification
d'*erreurs*, que donnent à mes principes les
rédacteurs du journal qui s'est le plus particulièrement occupé de les réfuter ; cette qua-

lification , plus tranchante que raisonnée , ne
m'a que très-faiblement ému ; Montesquieu lui-
même aurait eu besoin , pour m'ébranler , d'armes plus puissantes que de simples allégations.
Ce sont des raisons et des démonstrations qu'il
me faut ; je n'ai pu en trouver aucune dans
les réponses de mes adversaires ; qu'ils ne s'en
fâchent pas , elles sont toutes de mon côté :
la seule chose qu'ils m'aient prouvée est qu'ils
écrivent avec élégance ; c'était le seul parti qu'ils
pussent tirer d'une cause qui, bien approfon-
die , n'offre aucun moyen de défense.

SUPPLÉMENT en réponse aux principes contenus dans l'Ouvrage de M. le Vicomte de Châteaubriand, intitulé : De la Monarchie selon la Charte.

CETTE nouvelle dissertation sur la théorie du pouvoir était entièrement terminée, lorsque, de main en main, l'ouvrage de M. le vicomte de Châteaubriand, intitulé *de la Monarchie selon la Charte,* est parvenu jusqu'à moi ; et je déclare qu'il faut que j'attache autant de valeur que je le fais à des principes sans lesquels je regarde la France comme perdue sans retour, pour que je me détermine à parler de cet ouvrage, après les circonstances pénibles qui ont accompagné sa publication.

Il n'appartient pas à mon plan d'entrer dans une discussion sur la partie de cet ouvrage qui traite des intérêts du moment. Lorsque les délibérations de la Chambre des Pairs seront ouvertes sur ces importans objets, j'y porterai toute la réflexion dont je suis capable. Je ne m'occupe maintenant que de questions générales, et la doctrine de M. de Châteaubriand étant, à beaucoup d'égards, très-différente de la mienne, je me vois forcé, je le répète, bien malgré moi, d'en parcourir quelques paragraphes, qui prouvent évidemment, ou que mes principes sont des erreurs, ou qu'il s'est laissé entraîner par le désir du bien, qui règne si éminemment dans son ame, et qui lui montre, pour l'opérer, un chemin où je ne crois pas qu'on puisse s'engager sans le plus grand danger pour la monarchie.

Je ne sais quels antagonistes voudraient insinuer que M. de Châteaubriand n'a que peu d'attachement pour la Charte, sur laquelle il a déjà fait de si beaux ouvrages.

Si le témoignage d'un homme d'honneur est de quelque poids après tant de nobles expressions et de raisonnemens si pressans, dans lesquels M. de Châteaubriand montre tout ce qu'il pense à découvert, j'affirmerai qu'à la tribune et en particulier, je l'ai toujours vu, dans les principes qu'il développe dans ses ouvrages, notamment dans le dernier; qu'il est royaliste, sans doute, mais que la liberté et que tous les sentimens généreux règnent hautement dans son cœur; que, bien qu'ils règnent aussi dans le mien, j'ose le dire, au même degré, j'ai peut-être réfléchi, avec plus de constance qu'il ne l'a fait lui-même, sur les dangers de l'anarchie et sur les innombrables tyrannies qu'elle enfante, et, pour tout dire en un senl mot, qu'en lisant dans ses opinions, je ne les trouvais pas, sur tous les points, entièrement d'accord avec les miennes, et que j'en ai éprouvé quelquefois un secret déplaisir.

J'invoquerai à mon tour son témoignage et celui de mes honorables collègues, et je leur demanderai à tous, s'ils m'ont jamais vu m'exprimer autrement qu'avec la plus grande franchise; si jamais la moindre influence étrangère a paru dans mes opinions; si, en un mot, on a pu m'accuser d'être *ministériel*, et si je suis un homme capable d'écouter d'autre voix que celle de ma conscience, et de ne pas conserver toute ma vie la plus entière indépendance.

Ces précautions sont malheureusement indispensables, lorsque des hommes revêtus d'un caractère public aussi éminent que celui de Pair de France, croient devoir manifester leur façon de penser hors de l'enceinte qui leur est réservée; et qu'ils sont environnés de gens qui, sur leurs moindres paroles, bâtissent des systèmes, et cherchent des explications, lorsqu'on ne songe à rien autre chose qu'à dire, en digne magistrat et en bon citoyen, ce qu'on pense de la situation des affaires publiques et de la manière de les bien conduire.

M. le vicomte de Châteaubriand parle d'une

école formée sous le premier ministère, et dans laquelle on professe la doctrine, que les Chambres ne sont qu'un conseil assemblé par le Roi, et qu'il n'y a point de gouvernement représentatif; je certifie que je ne l'ai jamais connue, et que je n'en ai jamais entendu parler. J'en connaissais bien une avant la révolution, qui soutenait que les Cours souveraines n'étaient, en effet, qu'une réunion de conseillers-nés, en quelque sorte, chez qui les monarques trouvaient des lumières souvent très-différentes de celles de leurs conseils privés, et que ces mêmes Cours, lorsqu'elles improuvaient les projets de lois qu'on leur envoyait, devaient se borner à des remontrances portées jusqu'à trois fois aux pieds du trône. Je sais aussi, que bien des personnes ne voyaient pas sans un grand effroi, que des ministres (car on ne parlait pas du Roi) pussent passer outre, et fissent très-souvent, nonobstant les remontrances, enregistrer les lois par l'effet de la toute-puissance. Mais l'école dont je parle, et qui me touchait infiniment de près, répondait qu'il fallait qu'ici-bas tout eût une décision; que le but des Cours souveraines devait être d'éclairer l'autorité royale, et non pas de la dominer; qu'on ne pouvait pas impunément séparer, à tout propos, les ministres de la personne du Roi; que le Roi, ainsi relégué dans son palais, sans serviteurs pour le servir, et bientôt sans soldats pour lui obéir, ne serait plus qu'un simple individu réduit à sa seule force physique, et que la doctrine imprudente et exagérée, qui voyait sans cesse pouvoir arbitraire et despotisme, lorsqu'il n'y avait que nécessité d'un gouvernement, amènerait immanquablement la plus épouvantable catastrophe. Ces avis demeurèrent sans succès. De jeunes gens remplis de loyauté et d'amour du bien, se croyant même royalistes, et n'ayant en effet jamais cessé de l'être dans le fond de leur cœur, l'emportèrent sur des hommes d'un âge mûr, royalistes aussi, non-seulement de cœur, mais encore d'esprit, et la rapidité des évènemens ne justifia que trop les maximes de la prudence, et le besoin qu'une nation tout entière aurait eu d'asseoir ses idées sur des bases plus profondes et plus appropriées aux volontés de l'impérieuse nature.

J'avais, je l'avoue, présens à l'esprit les préceptes de cette école respectable, et je pensais à tous les maux qu'ils auraient épargnés, si on eût bien voulu les suivre; et à tous ceux dont on était encore menacé, si l'on s'obstinait à les mépriser, lorsque j'écrivais, il y a huit mois, les paroles suivantes.

« Lorsqu'il existe des corps délibérans entre « le Souverain et le peuple, et lorsque, ne se

« bornant pas à de simples conseils et à de
« simples doléances, on autorise des rejets de
« leur part ; ne pas reconnaître un pouvoir dis-
« crétionnaire dans le Prince , pour les momens
« de crise, c'est affronter le mal sans le remède ;
« c'est vouloir encourir le reproche d'une ab-
« surde témérité. »

Ce n'était pas pour qu'on réduisît les Chambres
à n'être plus que de simples conseils, que je ma-
nifestais cette pensée : la preuve en est, que je
cherchais les moyens de prévenir les inconvéniens attachés au pouvoir accordé aux deux
Chambres, de rejeter les projets qu'on soumet
à leur examen , et qui ne deviennent des lois
que par leur approbation ; et je ne raisonnais,
on le voit, que dans le sens le plus étendu des
concessions que la bonté du Roi nous a faites,
et d'après le texte rigoureux du régime constitutionnel qu'il nous a donné.

Je n'appartenais donc pas à l'école ministérielle dont parle M. le vicomte de Châteaubriand.

Mais, en réfléchissant sur la résistance à l'autorité, que depuis plus de trente ans j'ai vu être
l'esprit dominant d'un grand nombre de Français ;
en cherchant vainement à me cacher à moi-même
que ces mêmes Français, par une fatalité propre
à tous les peuples, mais plus grande chez nous

que partout ailleurs, persévèrent à ne connaître dans le pouvoir que la gêne qu'il impose, et ne soupçonnent pas même l'existence de ses immenses bienfaits ; en les voyant aspirer sans cesse à obtenir de nouvelles concessions de la part de l'autorité royale, comme on aspire à se partager les dépouilles d'un ennemi, et en remarquant leur méfiance puérile pour tout ce qui leur vient du côté de la royauté, et leur complaisance risible dans leurs propres lumières et dans celles de tout homme qui se met en garde contre les ministres, quels qu'ils soient, j'ai vu que les maladies politiques qui nous avaient conduits aux portes de la mort, subsistaient comme au premier jour ; qu'elles étaient dans le cœur humain ; qu'elles ne guériraient jamais par de simples palliatifs ; que les assemblées, un peu plus tôt, un peu plus tard, en ressentiraient les funestes invasions, et que, sous peu d'années, elles compléteraient leur ouvrage, et feraient disparaître la France du nombre des nations européennes.

Le remède à des maux aussi grands, et qu'il est trop facile de prévoir, est en quelque sorte sous la main ; on le trouve dans le texte et dans les dispositions de la Charte.

Il faut que les Assemblées sachent que l'on peut se passer d'elles.

Voilà pourquoi j'insiste tant sur la transcendance du pouvoir royal.

Il serait peut-être plus conforme à l'unité de
force et de volonté qui doit régner chez une puissance continentale, que les Chambres ne fussent
que des conseils; et très-certainement la Charte,
qui ne les appelle qu'à une simple participation
dans la confection des lois, quelque élevé que
soit un si noble emploi, ne leur ordonne pas d'y
marcher les égales de la royauté. Mais, ce que
je dis pour la dignité même des assemblées, et
ce qui est indispensable à mes yeux, c'est que,
désespérant de vaincre, si elles s'abandonnent à
la pensée des combats, elles ne songent jamais
à en livrer, et qu'elles se renferment dans la plus
belle fonction et la plus digne de la vénération
des hommes, celle de dire la vérité aux têtes
couronnées, et de la dire, s'il le faut, avec l'aus-
térité de magistrats incorruptibles et inébranlables. Qu'elles ne craignent pas alors pour leur
indépendance; leur sagesse les mettra à l'abri dés
vicissitudes, et le respect des peuples, je dirais
même des Princes, garantira leur existence avec
bien plus d'efficacité que ne le feront jamais des
maximes qui ne peuvent que transformer les
temples de la législation en des arênes où des
gladiateurs politiques viennentse donner en spectacle aux regards de la multitude, et mendier

les suffrages des plus odieux, et quelquefois des plus méprisables partis.

On voit que je diffère entièrement de l'opinion de M. le vicomte de Châteaubriand, sur le pouvoir des assemblées et sur l'idée qu'elles doivent se former de leurs fonctions ; je n'ai cessé d'invoquer la Charte, et d'en tirer des conséquences entièrement opposées au système qu'il développe. Ce système, je l'ai réfuté d'avance, et je n'ai besoin que de faire connaître quelques-unes des idées qui lui servent de base, pour que, du premier mot, on sache mes réponses ; et s'il n'était indispensable d'appuyer sans cesse sur les vérités, pour les faire entendre de lecteurs prévenus contre elles, je pourrais être très-succint, puisque presque toujours, je n'aurais qu'à renvoyer à mes précédentes dissertations.

D'abord, le premier point de dissidence entre M. le vicomte de Châteaubriand et moi, est :

Le Gouvernement représentatif.

C'est le nom qu'il donne aux Gouvernemens de l'Angleterre et des Pays-Bas, et les inductions qu'il tire de ce qui se passe dans le Parlement Britannique, il les applique comme des axiomes incontestables à notre malheureuse France ; mais moi, qui n'ai jamais connu l'école ministérielle dont il parle, je déclare que je me fais un des adeptes les plus zélés de la doctrine qu'on y professe, si cette doctrine interdit de rien conclure de l'Angleterre à la France; car, en modelant la France sur l'Angleterre, je ne donnerais pas à ma malheureuse patrie, trente années d'existence, sans la livrer à des dissentions de toutes les espèces, et sans étendre sur elle, le fléau des guerres civiles. Témoin, pour ne parler que des choses de notre temps, la bataille de Culloden, donnée en 1746, et où il n'était question de rien moins que d'une révolution totale en Angleterre; témoin encore, la guerre d'Amérique, commencée en 1775, et qui était bien certainement une guerre d'Anglais à Anglais, pour des querelles de constitutions politiques. J'ai parlé plus haut des troubles de l'Irlande, des Républiques flottantes, etc...., et j'ai fait remarquer que la leçon donnée par les calamités de la France, avait été le seul préservatif qui eût arrêté, en Angleterre, l'essor des doctrines subversives. Combien cet état de choses durera-t-il? je demande au plus intrépide Anglomane, s'il oserait tenir un pari, pour autant d'années de tranquillité intérieure, en Angleterre qu'en Autriche?

De plus, je demande encore, quel augure il faut tirer de cette dénomination si obstinément *reproduite*, de *Gouvernement représentatif.*

Ce n'est pas seulement M. le vicomte de Châteaubriand qui s'en sert en disant qu'il n'entend pas définir cette sorte de Gouvernement; ce sont encore d'autres écrivains que je pourrais citer, et qui, n'ayant pas d'idées plus nettes sur la représentation et sur les représentans, usent sans façon du subterfuge commode, d'employer des mots sans y attacher aucune idée fixe. Dès qu'il existe, me dit l'un d'eux, des assemblées délibérantes dans un État, on se trouve sous un Gouvernement représentatif; et comme à Constantinople le Divan délibère sur les affaires publiques, je n'oublierai pas ce précieux commentaire, et je rangerai la Turquie parmi les pays qui jouissent du bienfait inestimable d'une représentation nationale. Cependant, je l'avouerai, comme je crains toujours, malgré les protestations de tant de brochures et de journaux, si sincèrement attachés à la *lettre* de la Charte; comme je crains toujours, dis-je, de voir pratiquer dans notre règle fondamentale, de certaines extensions subversives du sens et même des paroles; comme je cherche vainement dans tout le texte de la Charte, le mot de Représentans, et que je n'y vois que celui de *Députés*; comme je sais d'après la déclaration positive d'un ancien Ministre au milieu des Pairs, que ce mot ne peut pas même s'y trouver, parce qu'il est contraire aux principes qui ont été suivis dans

la rédaction de cet important ouvrage ; et comme
enfin, je m'étonne, à juste titre, que tant d'orateurs et d'écrivains distingués, dans toutes les
classes et dans tous les genres, ne daignent jamais
désigner notre Gouvernement par son nom propre
de gouvernement monarchique, il m'est venu
dans la pensée que l'épithète *représentatif*, pourrait bien n'être pas aussi innocente, et aussi naïve
qu'on le prétend ; que plus d'un malin esprit
éprouverait peut-être une certaine velléité de s'en
servir, comme d'un mot à double entente, et qu'il
ne serait pas impossible qu'une arrière-indication
de pouvoir et d'origine populaire se cachât sous
le sens indéterminé dans lequel on aime à se retrancher. Or, connaissant l'inconvénient, en toute
science, de laisser en arrière des notions indécises
et confuses, et désirant que, même en politique,
lorsqu'on ne sait pas bien précisément ce qu'on
veut dire, on note l'endroit et la chose où l'esprit
a commencé à se perdre dans de vaines nébulosi-
tés, je prends acte de la déclaration de M. de
Châteaubriand, que, sans définir ce qu'est un Gouvernement représentatif, il entend par ce mot, le
Gouvernement de l'Angleterre et des Pays-Bas.
Nous saurons au moins la chose dont il veut parler, si nous en ignorons la nature. Seulement,
pour éviter tout mauvais usage d'une expression
qui pourrait faire croire qu'on a eu quelqu'inten-

tion de déterminer cette nature, je demanderai à M. de Châteaubriand la permission de changer une dénomination à laquelle il n'attache aucune valeur, et, d'après un expédient dont la révolution nous a fourni plus d'un exemple, je lui proposerai de désigner le gouvernement britannique et batave, sous la qualification de Gouvernement *sans nom ;* ou (s'il désire conserver le souvenir du nombre de syllabes désormais insignifiantes qui composent l'épithète que je voudrais faire disparaître), de l'appeler tout simplement, le gouvernement *Quinque-Syllabique :* par ce moyen, nous aurions toujours un assemblage particulier de sons, pour en faire un nom, et citer, sans périphrase, le Gouvernement dont nous avons, dit-on, de si nombreuses inductions à tirer pour le nôtre. C'est un point convenu, qu'en nous servant de l'adjectif représentatif, nous ne voulions pas autre chose, et si j'avais le bonheur que cette dénomination fût généralement adoptée, je serais enfin délivré d'inquiétudes, peut-être mal fondées, mais que les écrits de chaque jour réveillent dans mon esprit, et dont je ne puis me défendre.

En entrant plus avant dans la discussion de l'ouvrage de M. le vicomte de Châteaubriand, je trouve un point de doctrine qui contrarie toutes mes idées sur les devoirs de la Royauté, et qui ravale à mes yeux la majesté et l'importance de ses hautes fonctions, au-dessous de tout ce que je puis imaginer. Ce point de doctrine est ce qu'on peut appeler, pour me servir d'une expression usitée chez mes adversaires, sans pourtant en reconnaître l'exactitude,

L'impassibilité du Roi.

C'est, si je ne me trompe, ce que nos bons aïeux auraient tout simplement désigné sous le nom de *fainéantise.*

Cette impassibilité constitutionnelle consiste à nommer les Ministres, et à s'en remettre ensuite à leur bon génie ou à leur bonne fortune, du succès de leurs entreprises, bien entendu que le Monarque n'y exerce aucune influence ; car alors le Ministre aurait à se plaindre de n'avoir pas été libre dans ses actions, et cette entière liberté est une justice qui lui est due puisqu'il est *responsable.* Du reste, le succès du Ministre est quelque chose d'assez indifférent pour le Roi ; car, s'il ne réussit pas, le Roi le renvoie et en nomme un autre.

En vérité, je ne sais jusqu'où l'homme peut s'égarer dans ses pensées, lorsqu'on le voit capable d'imaginer que le succès des plans d'un ministère n'est pas de la plus haute importance, non-seulement pour les peuples, mais pour le Monarque lui-même ; et que celui-ci peut voir ses ujets gémir sous des opérations de finances mal conçues , les armées et les soldats manquer d'armes et d'approvisionnemens , les ennemis du dehors et les factieux du dedans accroître, de jour en jour, leurs triomphes, sans en concevoir la moindre inquiétude d'esprit, et sans recourir à d'autres soins qu'à celui de renvoyer ses Minis-tres et d'en nommer d'autres, en leur enjoignant, s'ils veulent être conservés, d'être plus habiles ou plus heureux que leurs prédécesseurs,

J'avais à mon service un ancien cocher du Bailli d'Est... Il me racontait souvent que ce maître, dont il parlait toujours avec respect, n'était cependant pas exempt de certaines bizarreries plus risibles que condamnables. Il en avait une qui consistait à ne voyager jamais que de nuit et dans les plus profondes ténèbres. Il habitait une province où les chemins étaient extrêmement dangereux et où de nombreux ravins les ren-daient presque impraticables; et, lorsqu'il mon-tait en voiture, sa coutume était d'appuyer sa tête sur les coussins, et de dire au cocher : *main-tenant cela te regarde;* puis il s'endormait pro-fondément. Or, ce cocher sur son siège, et dans les embarras de la route, s'émerveillait du sang froid de son maître, et pensait que le succès du voyage le regardait tout aussi bien que lui. Et moi, je suis émerveillé, à mon tour, qu'un Roi puisse dire à un Ministre : Gouvernez, bien ou mal, il n'importe ; je ne m'en embarrasse pas, pourvu que je n'entende jamais prononcer votre nom par ceux qui pourraient troubler mon repos, en exigeant de moi que je vous ôte votre-place; c'est tout ce que je demande; et comme il est important pour vous de vous les rendre favorables, je vous conseille de faire ce qui leur plaira.

Quel peuple ne serait pas révolté d'un pareil langage et d'une aussi étrange apathie! A qui persuadera-t-on que les Rois d'Angleterre règnent de la sorte; et qui pourrait penser que, dans les jours calamiteux où le Prince de Galles a pris les rênes du Gouvernement, il ne se soit pas intéressé vivement aux opérations de son ministère; qu'il ne les ait pas approuvées, et que, dans les momens où il a pu songer à des changemens de Ministres, il n'ait pas pris des mesures pour qu'elles n'en souffrissent pas, s'il les trouvait bonnes? En vain M. de Châteaubriand fait-il une longue énumération des hautes prérogatives d'un Monarque constitutionnel , dans l'acception qu'il donne à ce mot. Un simple particulier qui se laisse interdire de la gestion de son patrimoine, perd l'estime publique. Le Prince qui s'endort sur le trône, par caractère ou par système, ne peut être respecté par ses sujets, et encore moins par des Français; et s'ils découvrent que l'empreinte de la main royale n'est qu'une sorte de sceau, mécaniquement employé pour expédier des brevets de chancellerie aux Ministres qu'imposent les vrais possesseurs du pouvoir, ils ont bientôt brisé cet instrument avili et dispendieux ; et s'ils ne tombent pas dans les plus affreux désordres, ils s'en remettent de leurs destinées à ceux qu'ils connaissent de longue main, pour en être les arbitres et les régulateurs.

Je ne crains pas de le dire, l'avilissement de la royauté aux yeux des peuples, sera toujours le plus grand malheur qui puisse leur arriver. Il faut que, dans les jours d'orage, toutes les espérances se réunissent dans la personne du Prince et dans son pouvoir souverain ; et jamais la frêle machine d'une monarchie constitutionnelle, telle que l'entend M. de Châteaubriand, ne suppléera par de vaines étiquettes, et par l'usage mensonger de frivoles protestations, aux sentimens de respect et de vénération qui pénètrent jusqu'au fond des cœurs, et qui, sans efforts, maintiennent tout un peuple sous les mêmes lois et dans la même direction.

Le premier besoin de cette machine (et un besoin tel que si l'on n'y pourvoit avec une attention continuelle, les ressorts s'entrechoquent et se brisent en mille pièces), ce premier besoin, dis-je, consiste à se procurer de la part du ministère :

La majorité dans les Chambres.

Je ne l'ai pas dissimulé : c'est par-là que l'Angleterre subsiste; mais ce moyen précaire, même pour elle, est bien moins assuré en France qu'il ne l'est chez nos voisins. On sait combien le ministère anglais s'oppose à la réforme du mode d'élection qui, jusqu'à ce jour, s'est pratiqué pour la nomination des membres de la Chambre des Communes, et il a de bonnes raisons pour cela; car les vices même de ces élections sont ce qui lui en assure le succès. On a espéré chez nous suppléer au défaut d'influence du ministère dans les élections, en composant les collèges électoraux de riches propriétaires. On ne connaît pas l'esprit de la nation française si l'on fait un grand fond sur ce moyen. Nous tenons tellement à nos partis ou plutôt à nos illusions, que les électeurs, s'ils ne sont pas de l'avis du ministère, nommeraient plutôt les perturbateurs qui seraient prêts à boulverser leurs fortunes, que de céder en rien de leur manière de voir, et de ne pas suivre jusqu'au bout le fil de leurs idées et de leurs espérances. Il n'existe pas un peuple plus irascible lorsqu'il s'aperçoit qu'on prétend l'influencer, et il n'en est pas un seul qui paye un tribut plus constant à l'humaine faiblesse *de ne voir et de ne croire jamais que ce que l'on désire.* C'est ce qui a perdu tous les partis et qui les a jetés dans les démarches et dans les entreprises les plus irréfléchies; car, par exemple, il existe des gens remplis de l'idée de leur propre mérite qui, après avoir rappelé Buonaparte de l'île d'Elbe, travaillent peut-être encore de toutes leurs forces, quoique sans succès, à nous ramener de pareilles catastrophes, et il est bon de les avertir que leurs illusions sont bien autrement folles et ridicules que celles qui les faisaient sourire avec tant d'humanité, lorsqu'ils se racontaient les espérances dont se berçaient les malheureux émigrés, puisqu'après tout, ces émigrés auraient eu raison si les cabinets de l'Europe eussent été vingt ans plutôt éclairés sur leurs véritables intérêts. Je crois donc que, sur ce point, on n'a rien à se reprocher, et, que ce qu'on aurait de mieux à faire serait de chercher dans tous les partis à se corriger d'un penchant qui peut encore nous perdre tous. Les rapprochemens les plus heureux pourraient peut-être résulter de cette amélioration ; mais, en attendant, qu'espérer de ces imaginations bouillantes qui n'aperçoivent pas les obstacles, ou plutôt qui sont assez faibles pour redouter de les envisager ? Et veut-on laisser le terrain libre à des enfans cruels qui ne cherchent qu'à s'entredéchirer ?

Mais, dès là que l'ardeur de nos illusions nous rend incapables de suivre les chemins peu rians que dans tous les pays l'administration est toujours forcée d'indiquer, et que, d'un autre côté, notre délicatesse frémirait à la seule pensée de certains moyens qui ne sont pas inconnus chez les Anglais, il suit que jamais un ministère en France ne peut être assuré que les élections lui procureront la majorité si désirable, et sans laquelle les prétendus principes des Monarchies constitutionnelles eussent depuis long-temps fait tomber l'Angleterre dans toutes les horreurs de l'anarchie démocratique.

Mais ce n'est pas assez que d'avoir conquis la majorité par un heureux succès dans les élections, il faut pouvoir la conserver; et, comme il est impossible qu'un ministère soit toujours entièrement d'accord avec chacun des membres de cette majorité sur la manière d'administrer le royaume, et que les plus légères contrariétés effarouchent notre impétuosité et nous blessent cruellement dans notre amour-propre, il n'est pas un seul instant où le ministre, pour lequel nous avions le plus de considération, ne soit en danger de perdre notre confiance et de devenir l'objet de toutes nos inimitiés. C'est precisément le contraire du flegme anglais qui n'a pas d'opinion lorsqu'il s'agit d'aller aux voix, et qui, suivant le parti auquel il appartient, vote toujours pour le ministre ou pour l'opposition.

Ainsi ce secret si important, qu'avant de se charger du poids immense des affaires publiques, tout ministre doit connaître, dans une monarchie constitutionnelle, cette nécessité de s'assurer d'avance de la majorité, ne nous mène en France qu'à beaucoup de peine pour l'obtenir, et à une aussi grande incertitude pour la conserver.

Attendez, me dit-on, nos mœurs se façonneront sur celles d'Angleterre ; nos ministres prendront de l'habileté, et finiront par diriger convenablement cette machine dont le jeu vous paraît si embarrassé.

Oui ; mais voilà deux points qui ne me paraissent pas tellement désirables qu'il faille faire les énormes sacrifices qu'on exige pour les obtenir.

D'abord, les mœurs et les coutumes anglaises conviennent parfaitement aux Anglais ; mais je crois que, sur plus d'un article, nous ferions aussi bien de garder les nôtres que d'en changer.

En second lieu, il est toujours désirable d'avoir d'habiles ministres ; mais on doit souhaiter encore plus vivement d'habiter uu pays assez sagement constitué pour qu'avec des ministres médiocres (et l'on aura beau faire, ils seront toujours en plus grand nombre que les autres), on puisse vivre avec tranquillité et sans risquer de voir sa patrie détruite par les discordes intérieures et par le fer des étrangers.

Quelle folie que de changer l'existence paisible à laquelle la France a droit de prétendre avec l'existence précaire qu'elle peut emprunter des maximes et des institutions anglaises ; car n'oubliez jamais que vous périrez où l'Angleterre se conserve ; j'en ai tant de fois déduit les raisons, que je ne veux pas les répéter. Mais ouvrez le premier atlas géographique, et vous en verrez la principale.

Nous prendrons les mœurs anglaises, nous aurons des ministres habiles ; mais, si nous sommes détruits avant de pouvoir acquérir toutes ces choses, quelles seront nos consolations ?

A peine un an s'est écoulé depuis que nos discordes ont failli nous perdre à jamais, et le péril est encore imminent.

Une voie de salut est ouverte ; c'est de recueillir toutes les paroles de souveraineté qui sont dans la Charte, et de les opposer aux interprétations anarchiques qu'on ne cesse de lui donner.

Il faut (je le répète, c'est le seul remède qui puisse vaincre le mal) que les assemblées sachent qu'on peut se passer d'elles, parce qu'alors on ne s'en passera jamais, puisqu'elles ne seront plus tentées de sortir de leurs limites et de devenir dangereuses.

Mais ce remède, M. de Châteaubriand, offusqué par les idées anglaises, ne l'a pas aperçu. Il veut que les ministres soient toujours en possession de la majorité des voix, et il méconnaît le seul moyen qui existe en France pour la leur assurer.

En suivant son système de point en point, les ministres eussent-ils réussi à mettre de leur côté la majorité dans les Chambres, dès là que cette majorité n'est pas éternelle, qu'elle peut varier, et qu'ainsi que cela arrive même en Angleterre, il peut y avoir des momens d'interruption dans une si précieuse possession, je soutiens qu'au moment où cette interruption commence, M. de Châteaubriand, d'après sa manière d'envisager les gouvernemens constitutionnels, ne nous laisse plus de manière de sauver la France, et de ne pas tomber dans la démocratie la plus invincible ; c'est ce qui deviendra évident lorsque je serai arrivé à la conclusion qu'il faut tirer de ses principes ; je vais continuer à les parcourir et à les réfuter à mesure qu'ils me passeront sous les yeux.

La personne du Roi est, dit M. de Châteaubriand, sacrée et inviolable ; mais, comme il faut se préserver du despotisme, on s'en prend aux Ministres de tous les empiétemens de l'autorité, et l'on a pour prévenir de pareilles entreprises,

La responsabilité des Ministres.

Je ne parlerai plus de cette absurde disposition d'esprit, d'être toujours en garde contre ce qui

émane du ministère, et, disons-le, de l'autorité
royale, et de ne pas conserver la plus légère défiance
contre le penchant aux incursions dans la souveraineté et aux usurpations de pouvoir qui dirigera
toujours les assemblées, et qui les fera tomber tôt
ou tard dans les pièges de la démocratie, si la puissance souveraine ne se maintient pas au-dessus de
toutes les atteintes; je dirai qu'il faut savoir se circonscrire dans les bornes qu'assigne la charte;
qu'il est inexplicable qu'une foule de feuilles périodiques et de livres, qui ne cessent de nous ex-
horter à nous tenir littéralement à ce qu'elle nous
prescrit, aient, jusqu'à ces derniers temps, mis
une si longue persévérance à invoquer la responsabilité des ministres, comme si nous pouvions
penser que les rédacteurs de ces journaux et les
auteurs de ces ouvrages soient assez stupides pour
ignorer qu'un homme assis sur le trône ne trouve
de force que dans la fidélité et dans l'obéissance de
ses serviteurs, et que faire dépendre leur sort des
volontés d'autrui, c'est annuller le pouvoir royal,
c'est nous replonger dans la plus effroyable anarchie.

Demandez à ces rédacteurs et à ces auteurs
qui, sans vouloir passer pour les tyrans de leurs
familles, prétendent, à coup sûr, ne pas être
comme des statues et de vils automates dans
l'administration de leurs affaires particulières, de-
mandez-leur ce qu'ils diraient au mauvais plaisant

qui viendrait leur témoigner les égards dûs à tout
maître de maison, et qui, en même temps, s'in-
gérerait, non-seulement de donner des ordres à
leurs domestiques, mais encore de leur signifier
que lui seul, dorénavant, disposerait de leur sort,
qu'ils seraient dans sa dépendance, et qu'ainsi ils
eussent à lui complaire et à lui obéir en toute
chose, puisqu'autrement il les obligerait d'aller
chercher fortune ailleurs.

Voilà pourtant la condition misérable et l'état
d'avilissement que ces écrivains, vraiment incor-
rigibles, semblaient encore très-récemment se
complaire à préparer aux Rois. Tout ce qui pouvait entraver le pouvoir de leur Souverain, ils
l'admettaient comme des institutions précieuses
à l'humanité ; et, après trente ans des plus effroyables malheurs, les mêmes auteurs, qui avaient
reproché à nos maîtres si miséricordieux, de
n'avoir rien appris, étaient encore si éloignés du
progrès des connaissances humaines, qu'ils ne
savaient pas eux - mêmes, ou du moins, qu'ils
paraissaient ignorer que l'autorité du Prince est
le seul garant de la sécurité et de la prospérité
du peuple.

Puisque, dans une matière aussi grave, il faut
recourir à toutes ses armes, je leur rappellerai
cet homme que, dans les premiers temps de la

révolution, on avait peint fortement garroté
dans toutes les parties de son corps ; des démocrates tenaient les liens dans leurs mains, et se
livraient à leurs joyeux ébats ; le mouvement de
deux doigts, qu'on avait consenti à ne pas attacher, était le seul qui lui restât, il les agitait, et
on lui faisait dire : *je suis libre.* D'autres personnes, qui avaient le secret des inventeurs de cette
figure, changeaient ces paroles en celles-ci : *je
règne.* Et l'on aurait eu, même après la seconde
restauration, et l'on conserverait peut-être encore
le sacrilége désir de nous rejeter dans tous les
désastres que prédisait cette grossière, mais trop,
fidèle allégorie ! Oui, sans doute, on a eu ce
désir, et l'on commence à peine à s'en défier
et à en calculer les suites ! Vous, qui avez té-
moigné tant d'alarmes, sur les entreprises d'une
assemblée à qui l'on ne pourrait reprocher que
des marques d'*impatience,* et non des envahissemens combinés, lorsque le ministère ne lui
paraissait pas répondre aux vues qui l'animaient ;
vous, qui n'avez aucune indulgence pour les
fautes et pour les imprudences, si l'on en commet
en se livrant, de toutes ses forces, à la restauration de l'ordre et de la monarchie ; vous, qui
avez presque fait entendre le mot de factieux,
pour dépeindre les sentimens des plus fidèles serviteurs du Roi, parlez-nous donc enfin des sédi-

tieuses pensées qui se manifestèrent tant de fois dans l'assemblee de 1814. Les avez-vous oubliées ? Vous en retrouverez l'exposé fidèle dans l'excellent ouvrage de M. l'Evêque de Langres, sur la responsabilité des Ministres ; et vous avez maintenant assez recueilli d'observations, et assez profondément médité pour en frémir !

Espérons que ces reproches et de plus violens encore que, par fois, m'ont suggéré, dans certains écrits et dans certains journaux, des paragraphes évidemment rédigés dans des idées de révolutions, seront bientôt surannés. Depuis un temps, je m'aperçois d'une amélioration sensible dans les principes ; et pourquoi, .en effet, désespérer de la raison, de l'homme, tant que la probité et l'honneur ne sont pas éteints dans son cœur ? On est presque assuré que, lorsqu'on s'éloigne des époques qui ont ému sa sensibilité, disons-le, ses passions trop impétueuses pour lui laisser l'usage de la réflexion, il se rapprochera des notions vraies et des voies de salut que lui offre la nature. Je me permettrais cet heureux résultat, même chez les gens privés d'éducation, et qui n'auraient pour guide que la droiture de leurs sentimens ; à plus forte raison dois-je l'attendre d'écrivains qui, la plupart, nous prouvent, tous les jours, qu'ils possèdent un talent très-distingué.

Mais, tout rapprochement exige qu'on porte les yeux sur chacun des côtés que l'on regrette de voir éloignés. Il ne faut pas que, lorsque l'un fait de notables progrès, l'autre s'en écarte, et même prenne un chemin qui le précipiterait, à grands pas, dans des erreurs qui sont bien loin du but qu'il se propose. M. le vicomte de Châteaubriand, tout occupé du bonheur dont il voulait faire jouir la France, et qui semblait échapper encore une fois à ses vœux, n'a point vu toute l'étendue de la doctrine dans laquelle il s'engageait, et il n'a pas pris garde que, d'accord avec les adversaires, qu'il n'avait cessé de combattre, il donnait à la responsabilité des Ministres, une extension contraire à l'esprit de la Charte; car il ne peut exister de responsabilié, lorsqu'on ne saurait être accusé ni jugé. Or, la Charte, par l'article 56, borne les faits pour lesquels on a droit d'accuser les Ministres aux seules trahisons ou concussions. Elle ne fait que confirmer ce qui est d'usage dans tous les pays, puisque, partout, les tribunaux sont en droit de poursuivre les Ministres, lorsqu'ils ont trahi le Souverain ou spolié les peuples. Dans les autres circonstances, le Monarque n'entend pas qu'on lui fasse la loi, et qu'on le réduise à n'avoir que lui seul pour se servir, en l'obligeant de sacrifier ses Ministres au gré des passions ambitieuses ou mécontentes des assemblées législatives.

Mais enfin, dira-t-on, cette loi que vous ne voulez pas qu'on fasse au Monarque, prétendez-vous que les Ministres la fassent aux Assemblées, et que, définitivement, ils l'emportent sur elles ?

Je vais faire frémir d'indignation toutes les arrières-pensées républicaines et démocratiques ; mais, ce qui doit donner quelque poids à mon opinion, c'est la déclaration qu'en entrant dans ces discussions, j'ai faite de mon entière indépendance. Il n'est pas un seul instant de ma vie, où je n'aie été pour la prépondérance du ministère, lorsque la volonté royale s'est définitivement prononcée ; mais il n'en est pas un non plus, où l'on puisse me prouver que, par le fait, j'aie été ministériel. Jamais je n'ai asservi mes pensées, mais j'ai toujours su me soumettre à la nécessité ; et, c'en est une à mes yeux, que si un Monarque est tellement attaché aux principes de son administration, qu'il essuie la contradiction de plusieurs assemblées successives, sans y renoncer, ces assemblées se taisent, ou même que le Souverain leur impose silence plutôt que d'être dominé par elles, et de se laisser dicter impérieusement ce qu'il doit faire ; car, remarquez que je ne le sépare pas des agens de son pouvoir, et que, pour me débarrasser de la gêne de ses volontés, lorsqu'elles sont si évidemment fixées, je ne m'en prends pas uniquement aux Ministres.

C'est par cette marche que uous sommes tombés dans la révolution, en rendant la royanté nulle, et en sappant tous ses appuis; et, très-certainement, je ne veux pas y revenir. J'ai d'autant plus de confiance dans ma manière de voir, qu'il me paraît impossible qu'un Roi, entouré des vœux et des avis de nombreuses assemblées, lorsque ces vœux et ces avis persévèrent, ne leur fasse pas toutes les concessions, et ne consente pas à toutes les modifications qui ne sont pas, à ses yeux, évidemment contraires au bonheur public; mais, s'il le fallait, je dirais, comme on l'a dit à Copenhague : Plutôt cent fois l'autorité royale la plus absolue, que le despotisme des assemblées populaires.

Je me sers exprès du mot despotisme par rapport au pouvoir illimité des assmblées, parce que ce mot, comme je l'ai prouvé ailleurs, lui convient par-dessus tout, et qu'il est bien étrange qu'on ne veuille l'employer que pour la royauté.

Mes principes, qui sont le fruit d'une beaucoup plus longue méditation qu'on ne pense, ont prouvé fort au long, que les coups d'Etat, auxquels le pouvoir royal est en droit de recourir lorsque les choses en sont venues à cette extré-

mité, sont tout différens d'un despotisme perma-
nent, et qu'ils servent à maintenir les assemblées
dans une juste modération. J'ai dit aussi que les
mœurs et les usages des nations étaient les plus
sûrs garans de la perpétuité, et par conséquent du
retour de leurs institutions, lorsqu'elles étaient
interrompues, surtout si ces interruptions étaient
légalement autorisées, et je réponds par là à cette
misérable confiance qui suppose que le meilleur
moyen de prévenir l'introduction du despotisme est
de créer des pouvoirs qui lui soient opposés, tandis
qu'au contraire les entreprises de ces pouvoirs
sont les vraies manières de l'exciter à se mettre
invariablement au-dessus de toutes les attaques.

Ainsi donc, lorsqu'on me fera cette question,
presque ridicule, par le peu de profondeur, et je
dirais volontiers par l'ignorance qu'elle dénote :
Mais que faudra-t-il donc faire, si les ministres
veulent établir le despotisme ? Je répondrai :
ayez de la sagesse, ils le voudront rarement; ayez
des mœurs et d'heureuses habitudes qui prouvent la bonté de vos institutions, ils n'oseront
pas l'entreprendre : on ne cherche pas des résistances pour le plaisir de les vaincre. On n'essaye
pas de faire marcher dans une route aride et inu-
sitée des masses de population assises dans des
idées et dans des usages contraires; et les plaintes
élevées de toutes parts, et le cri général de toute
une nation avertiraient bientôt le Monarque de

la témérité des agens honorés de sa confiance. Mais si le malheur des circonstances, ou le génie du mal, ou plutôt de fatales divisions déjà portées à leur comble, faisaient poursuivre un projet si désespéré, et s'il fallait inévitablement que le pouvoir royal, ayant pris en main la cause de ses ministres, arrivât à sa dernière extension et détruisît toutes les institutions modératrices, ou que les assemblées parvinssent à la domination, entre deux résignations qu'il faut savoir envisager (car on chercherait en vain à le méconnaître, si ce n'est pour l'une, c'est pour l'autre que dans une pareille extrémité il faut se décider), je choisirais sans balancer celle qui m'offrirait le moins d'inconvéniens, et qui me laisserait encore plus de véritable liberté, et je saurais supporter le pouvoir du Prince, sans autre limite que l'équité naturelle, avec bien moins d'effroi, que la même puissance dans les mains des assemblées ou de la multitude.

Monsieur de Châteaubriand voit, il est vrai, un remède à tous ces maux, en faisant, ce me semble, consister la responsabilité des ministres dans un simple renvoi, lorsqu'il n'ont pas pour eux la majorité des Chambres; mais, comme cela signifie que, même lorsque les Chambres seront factieuses, il faudra que le Roi leur sacrifie ses ministres, et que cette maxime ne peut que les encourager tôt ou tard à le devenir, en n'assignant aucunes limites à leurs prétentions, il me permettra de regarder son remède comme un poison violent. D'ailleurs, il en existe un autre ; c'est qu'au lieu de renvoyer les ministres, le Monarque renvoie les assemblées, en dissolvant la Chambre des Députés, et en ajournant celle des Pairs. Il est vrai qu'en suivant la doctrine de M. de Châteaubriand, dans toutes ses conséquences, ce moyen devient bientôt illusoire, et que, si le Gouvernement ne fait pas l'abnégation la plus absolue de sa manière de voir et d'administrer, nous retombons, comme je l'ai annoncé, dans l'inévitable et triste nécessité de voir les Chambres s'emparer ostensiblement et sans aucun détour du maniement des affaires publiques, et la démocratie s'avancer à grands pas parmi nous. Mais, n'anticipons pas, et continuons à contempler les pertes successives que la puissance royale éprouve dans tous ses attributs, d'après un système qui n'est pas nouveau, mais que M. de Châteaubriand a renouvelé, sans avoir très-certainement aperçu ses résultats inévitables.

L'une de ses pertes consiste encore à donner aux Chambres :

L'initiative de la Loi.

Je commence par répondre à une observation générale de M. de Châteaubriand ; l'initiative royale est, dit-il, en contradiction avec la *sanction* de la part du Roi. On ne sanctionne pas, ou, en d'autres termes, on n'approuve pas son propre ouvrage.

Oui, sans doute, on n'approuve pas son propre ouvrage lorsqu'il est terminé, mais lorsqu'on veut recueillir des avis importans sur ce même ouvrage, et qu'on *le propose* (ce sont les termes de la Charte) comme un projet susceptible de recevoir des amendemens et des améliorations, on peut l'approuver définitivement lorsqu'il a subi cette épreuve, et, pour le dire en passant, cette marche, qui est la marche constitutionnelle, sera toujours un argument presque irrésistible pour l'école qui ne voit que des conseils dans les deux Chambres.

Toute personne qui, ayant médité un projet et même pris soin de le rédiger par écrit, le soumet aux avis d'un conseil avec la ferme résolution de l'abandonner, si ce conseil le désaprouve, et qui ensuite, satisfait de cette consultation, se confirme dans ce projet et le met à exécution, ne fait pas autre chose que ce que fait le Roi, en nous envoyant les propositions de lois. Le Roi *propose la loi* (Art. 16 de la Charte); il a donc l'initiative, et cette initiative n'étant et ne pouvant être qu'une proposition, il n'y a pas de contradiction dans les termes, lorsque le Roi sanctionne définitivement ce qu'il avait proposé pour savoir ce qu'en penseraient les plus graves personnages de l'Etat.

Le Roi a l'initiative ; c'est un point hors de toute contestation.

Mais, en même temps, il est vrai que les Chambres jouissent aussi d'une tres-belle prérogative, qui consiste à pouvoir indiquer au Roi les lois que, suivant elles, il serait à propos de porter sur les différens objets qui peuvent attirer leur attention.

Voici l'art. 49, qui leur donne cette prérogative.

« Les Chambres ont la faculté de supplier le « Roi, de *proposer* une loi sur quelque objet « que ce soit, et d'*indiquer* ce qu'il leur paraît « convenable que la loi contienne. »

Il est évident que, par cet article, il existe une différence marquée entre *indiquer* et *proposer ;* et, comme l'art. 20 dit que cette demande au Roi devra toujours être discutée en comité *secret,* il n'est pas moins certain que, par ces distinctions et ces précautions, la Charte a très-positivement entendu éviter les inconvéniens réconnus de l'initiative pure et simple, laissée entre les mains des Chambres.

Ces inconvéniens ne consistent pas seulement dans la manie de faire des lois, qui doit nécessairement s'introduire dans une assemblée législative, par le seul désir de faire parler d'elle, et de faire briller ses grandes lumières, toutes les fois qu'elle peut en trouver l'occasion. Et quoique M. de Châteaubriand nous croie guéris de cette fâcheuse maladie, je lui demanderai s'il regarde cette guérison comme radicale. Mais il n'a aperçu que la moindre partie des dangers de l'initiative exercée par les assemblées. Nous garantira-t-il qu'il ne s'en trouvera jamais de factieuses? Je lui garantis le contraire : il est impossible que, dans le cours d'un siècle, des esprits ambitieux ne s'emparent, à diverses reprises, des délibérations publiques, et n'en deviennent les dominateurs; les siècles sont les années des nations, puisqu'elles sont destinées à vivre bien plus long-temps que les hommes. Or, c'est dans de pareilles circonstances, que l'initiative des assemblées devient un véritable fléau. Alors les propositions insidieuses ne font que précéder les propositions à force ouverte; et le peuple, ameuté de toutes parts, s'il n'est contenu par les armes, devient l'auxiliaire irrésistible qui, chaque jour, arrache au pouvoir quelque nouvelle concession, ou le dépouille de quelque prérogative, jusqu'à ce que le trône écroulé ne laisse, au milieu d'une nation, que des ruines qu'on ne peut plus relever, et des désastres auxquels les calculs les mieux assis ne sauraient assigner de terme.

Il faut cependant convenir, qu'il est quelques occurrences où il est très-avantageux pour le bien public que les assemblées puissent désigner au Monarque, et provoquer en quelque sorte les lois qu'il est nécessaire de porter ; c'est lorsque, pour réprimer des désordres publics, la législation doit devenir rigoureuse. Les peuples, en voyant les députés pris dans leur sein, être les premiers à faire connaître au Monarque la grandeur du mal, et à en solliciter le remède, sont bien moins tentés de contester la nécessité de la loi, et de la considérer comme une entreprise que l'autorité se permet contre leurs droits et leurs libertés. C'est dans ce sens, que j'ai moi-même approuvé le zèle et la fidélité de vrais serviteurs du Roi, qui n'ont pas craint d'élever la voix dans les assemblées, et de demander, suivant leur conscience, et pour la conservation de la monarchie, des lois qui leur semblaient indispensables. Mais je ne consentirai jamais à faire des principes pour des circonstances. Les circonstances passent, et les principes restent. Tant que

j'ai cru qu'on n'aborderait pas de front la doctrine qui veut remettre l'initiative aux deux Chambres, j'ai pu garder le silence ; mais maintenant,
je me vois forcé de déclarer qu'à mes yeux c'est
au Roi seul que cette initiative appartient ; qu'elle
ne peut passer aux Chambres sans une extension
anti-constitutionnelle, et que, par la Charte, les
deux assemblées législatives n'ont d'autre droit à
cet égard, que de présenter des *Mémoires* mo-
tivés et secrets. En vain ai-je trouvé tout à la fois
ingénieux et enjoué le système de M. le comte
Lanjuinais, qui prétendait que les motifs sur lesquels on appuyait la demande d'une loi, pour
être rendus plus lucides, exigeaient des alinéas,
et qu'il était bon, pour l'ordre des idées, que ces
alinéas fussent numérotés, et, par conséquent,
convertis en articles. On m'a répondu victorieusement, en me faisant l'observation que, présenter au Roi des lois toutes rédigées, c'était circonscrire sa volonté d'une manière inconvenante,
ne lui laisser que la faculté des amendemens, et
l'exposer à des refus d'admettre ces mêmes amendemens, de la part d'assemblées qui déjà auraient
consumé leur temps, et employé leurs débats à
ranger leur travail dans un ordre précis et mé-
thodique ; et ces refus, poursuivait-on, seraient
d'autant plus inévitables, que l'amour-propre et
la paresse d'auteurs sont encore plus forts dans

les assemblées, que chez les particuliers. Je me disais aussi, qu'il fallait s'attendre que les assemblées étendraient aussi loin qu'elles le pourraient les facultés qu'on leur laissait, et que, puisque l'art. 19 de la Charte, leur permettait de déduire les motifs des lois qu'elles indiquaient à la puissance royale, il était bien difficile d'élever des contestations sur une forme qui n'était peut-être pas rigoureusement déterminée. On m'a encore répliqué que c'était le cas de venir au secours des intentions manifestées par la Charte, si ses expressions étaient insuffisantes ; et qu'au lieu d'une jurisprudence dans le sens des discordes, il fallait en établir une dans le sens du pouvoir.

Puisqu'aujourd'hui, non-seulement il n'est plus question de quelques atteintes auxquelles il me semblait toujours temps de porter remède, que c'est même plus qu'une jurisprudence dont il s'agit, que c'est un principe certain qu'on veut établir, je me déclare formellement contre cette doctrine ; et je m'en rapporte, sur ses dangers, au peu de mots que M. de Châteaubriand en a dit lui-même ; dangers qui, nécessairement, se renouvelleraient un peu plus tôt ou un peu plus tard, dans les assemblées volcaniques de la France, et qui bouleverseraient l'Angleterre elle-même, si la majorité perpétuelle, qui vote toujours dans le sens des ministres, n'arrêtait dans sa source l'effet des propositions séditieuses. Or, comme je suis persuadé qu'en France, l'habileté la plus consommée sera toujours insuffisante pour s'assurer de cette majorité sans les plus fréquentes et les plus inévitables interruptions, je retombe toujours dans la nécessité que la pensée de la suprématie définitive du pouvoir royal, fasse naître ces dispositions conciliantes, sans lesquelles il n'est point de ministère qui puisse se flatter de conserver un seul instant son influence dans les Chambres. Mais, loin de là, j'ai la douleur de voir que plusieurs fidèles sujets du Roi, dans les ouvrages qu'ils publient, s'égarent dans des principes tout contraires. Nous atteignons le point où la doctrine de M. le vicomte de Châteaubriand devient, sans qu'il s'en aperçoive, du plus imminent danger : il s'agit de deux idées principales, qu'il ne sépare jamais dans son esprit, et dont il fait tout dépendre dans un gouvernement constitutionnel. Ces deux points fondamentaux sont :

L'opinion publique, et la Liberté illimitée de la Presse.

Le gouvernement représentatif, dit M. de Châteaubriand, est fondé sur l'opinion publique.

17

Il doit la suivre ; c'est par elle qu'il s'éclaire, et la liberté de la presse la lui fait connaître.

Cette manière de présenter les procédés que l'on doit suivre dans les gouvernemens, qu'on s'opiniâtre à désigner sous le nom de représentatifs, n'a rien de nouveau ; elle remonte aux premiers temps de la révolution. Mais si on l'admet dans toute son étendue, si nous sommes obligés d'adopter comme d'incontestables vérités des assertions aussi fausses, et dont les suites ne peuvent qu'être déplorables, il faut fixer l'époque où nous sommes reportés. Pour tout dire, en un mot, nons revenons en 1793, ou, à proprement parler, nous n'en sommes pas sortis un seul instant.

Je somme tous les défenseurs de ces principes, quelque rang qu'ils occupent, et quelques fonctions qu'ils remplissent, de commencer par déterminer avec précision, ce qu'ils prétendent nous dire en se servant de certaines expressions très-sonores, mais que le plus souvent on ne saurait définir. On fait des livres en politique, c'est-à-dire qu'on risque de faire périr des hommes par milliers s'ils adoptent des principes inexacts ; et l'on ne connaît pas la chose dont on parle, et quelquefois, cette chose est une chimère contradictoire dans ses élémens, un non-sens, en un mot, un Gouvernement représentatif ; et d'autres fois, elle est si vague, si indéterminée, qu'on ne sait où la trouver, qu'au moment où l'on croit la saisir elle échappe, et qu'enfin, lorsqu'elle parait s'arrêter et prendre quelque stabilité, le moindre soufle qui trouble l'air, le plus léger météore qui brille à ses yeux et qui l'attire, la fait aussitôt disparaître et prendre des formes nouvelles. Tel est ce qu'on appelle l'opinion publique.

Il est donc vrai que l'amour du bien peut quelquefois devenir une passion aussi aveugle que les autres, puisque M. le vicomte de Châteaubriand, dont l'esprit est doué d'une si rare sagacité, s'est laissé emporter dans des idées qui n'ont pas de fond, et qui, depuis un demi-siècle, n'ont servi qu'à tourmenter le genre humain, et à le conduire au milieu d'abîmes où il a failli périr.

Monsieur Fiévée, quoiqu'il ait aussi voulu bâtir des systèmes dans les vagues régions de l'opinion publique, nous dit, dans un passage dont j'ai déjà eu l'occasion de parler : « Rien de plus bizarre, « que de demander à un Préfet l'opinion de son « département sur une mesure à prendre ; *comme* « *si un département était une unité, sous* « *d'autres rapports que la circonscription terri-* « *toriale ; comme si un département avait une* « *opinion, même sur les mesures prises et les*

« *évènemens accomplis* . . . .

« . . . .

« . . . .

« Il y a souvent dans un département cinq arron-
« dissemens qui n'ont ni le même intérêt, ni la
« même manière de vivre ; et on demande l'opi-
« nion d'un département, tandis qu'à Paris, ren-
« fermé dans les mêmes murailles, on distingue
« l'opinion de tel faubourg, de l'opinion de tel
« autre faubourg, et même les sentimens de telle
« rue, des sentimens de telle autre rue, etc.,
« etc. » (Histoire de la Session de 1815, p. 126
et 127.)

J'aurais ajouté : les sentimens de telle maison,
et les sentimens de telle autre maison, et ceux de
tel appartement, et de tel autre ; et ce que M.
Fiévée dit de tout département, je l'aurais dit de
la France entière.

Ainsi, l'opinion régulatrice de nos destinées,
l'opinion qu'il faut consulter sans cesse, et qu'il
faut suivre avec scrupule, n'est point celle qu'on
peut découvrir chez des personnes qui, d'après un
intérêt bien distinct, ont une manière de voir entièrement fixée. Les intérêts particuliers sont trop
divisés, pour que l'on puisse en faire une seule
masse, et en tirer des inductions décisives ; elle
n'est pas non plus celle des personnes qui ont une
véritable connaissance des choses ; ces individus

sont en trop petit nombre, et, souvent, ont des sentimens trop éloignés des passions du moment, pour produire des effets remarquables, et pour être la puissance dont on interroge les volontés. Cette opinion n'est donc autre que celle d'une foule innombrable, il est vrai, mais étrangère aux sciences politiques, encore plus qu'à toutes les autres; injuste par ignorance, sans être cependant dépourvue de tout désir de justice; incapable de se conduire elle-même; prompte à s'égarer dans tous les excès au gré de ceux qui l'agitent; n'ayant en un mot, aucun avis à elle, et prête à recevoir toutes les impressions qu'on lui donne.

Il est assez difficile que des autorités législatives, pour se régler dans les lois qu'elles doivent donner, s'astreignent à suivre l'opinion de personnes qui n'en ont point, et il est à présumer que ceux qui l'invoquent avec tant de constance, se flattent de la former et de la diriger à volonté. Non que je prétende qu'ils conçoivent ce dessein de propos délibéré, et d'une manière distincte; mais ils sentent leurs forces, et, il faut le dire, la confiance qu'elles leur donnent est imprudente, elles ne mesurent pas les obstacles, et dès lors, il est presqu'impossible qu'elles ne soient pas malheureuses.

Pour connaître cette opinion, on ajoute qu'il faut que la presse soit entièrement libre; mais, si je ne me trompe, la liberté de la presse fait connaître l'opinion des auteurs, et très-peu, ou même point du tout, celle des personnes qui n'écrivent pas; nouvelle preuve qu'on désire cette liberté, plutôt pour en profiter soi-même, et pour exercer une influence, que pour écouter les avis, et suivre les ordres qu'on dit vouloir chercher dans l'opinion publique.

Que des journalistes (je parle de ceux qui, au lieu de se contenter de corriger nos mœurs et de redresser nos travers, ont excité nos fureurs révolutionnaires; s'il en existe encore de cette trempe, il est bon de les montrer tels qu'ils sont : ceux qui ont suivi d'autres voies, ou qui n'ayant commis que de simples erreurs, cherchent la vérité et sont prêts à lui rendre hommage, n'ont rien qui les regarde dans ce que je vais dire), que des journalistes, qui par eux-mêmes sont dépourvus de moyens pour jouer un grand rôle dans l'État, parlent sans cesse de l'opinion publique, qu'ils s'en prétendent les échos, quoiqu'ils n'aspirent évidemment qu'à lui donner l'impulsion; qu'ils cherchent à se transformer en pouvoir, en répandant au milieu du vulgaire ignorant des passions dont ils se flattent de faire une force irrésistible; que dans le secret de leur orgueil, ils se regardent comme des hommes plus importans que les Députés, les Pairs et le Souverain même, je n'en suis pas surpris : il faut, non-seulement, que chaque profession nourisse son homme, mais encore que chacun prenne goût à la sienne et s'évertue pour en tirer tout le parti possible ; c'est dans l'ordre. Mais que, par une funeste manie qui, dès l'Assemblée constituante, s'est emparée des esprits, des hommes d'état éprouvent au fond de leur ame une sensible peine de ne pouvoir descendre au milieu de ces combattans, qu'ils se figurent que de cette nouvelle place leur voix serait entendue de tout le royaume ; qu'après trente ans de révolutions, ils ne sachent pas, ou qu'ils oublient, que les temps où l'on a admis en France le principe de la liberté illimitée de la presse, ont été ceux où la raison fut entièrement étouffée sous les innombrables libelles des partis les plus fougueux, les plus séditieux, et bientôt les plus criminels ; voilà ce qui m'étonne à un tel point, que je ne puis trouver d'expressions pour le rendre.

Je dis que tel journaliste qui a passé la nuit à composer la diatribe qui doit paraître le matin dans sa feuille, se regarde souvent comme un être plus influent que le Roi. L'amour-propre, on ne le sait que trop, ne vit que d'illusions, et celle qui charme la pensée de ce compositeur d'écrits périodiques, n'est pas aussi ridicule qu'on le croirait au premier aspect ; car ne gouverne-t-il pas l'opinion; et l'opinion, à l'entendre, n'est-elle pas la reine du monde ?

Un mécompte vient cependant déranger un calcul aussi flatteur; ce mécompte ne gît pas dans la difficulté de faire tourner et virer à son gré la déesse aux millions de têtes, si on était seul à lui parler; il n'est point de bévue, point d'impertinence qu'elle ne puisse approuver, ni de charlatan qu'elle n'écoute avec avidité, tant elle est crédule et bonasse, tant elle aime à se repaître de chimères. Mais malheureusement des compétiteurs, souvent très-adroits, et, pour me servir du terme technique, très-madrés, viennent aussi lui adresser la parole; elle suit incontinent celui de tous qui lui fait les plus belles promesses, et qui sait les lui présenter sous un jour adroitement ménagé. Je l'ai déjà dit, et je crois devoir le répéter, trois mois ont suffi pour faire expirer la Quotidienne sous les coups du Nain Jaune.

Je ne puis me lasser d'admirer le délire des publicistes qui veulent faire dépendre le sort des états de l'opinion du moment : faudra-t-il passer ma vie à leur redire qu'on s'égare nécessairement, lorsqu'on ne se défie pas de certains mots collectifs qui semblent nous présenter des êtres réels, et qui, au fond, n'expriment que de vains fantômes; que Spinosa, en déclarant Dieu l'universalité des êtres du monde, est le plus grand athée qui jamais se soit avisé d'écrire; qu'à proprement parler, il n'existe que des opinions individuelles; que par défaut de lumières, de loisir, ou d'aptitude, la plupart des hommes ignorent jusqu'aux questions qu'il faut avoir approfondies, peut-être toute sa vie, pour se mêler de politique; qu'ils n'auraient de commun, en fait d'opinion, qu'un pur néant, s'ils ne puisaient quelques connaissances aussi fautives que superficielles, dans la conversation, ou dans les écrits d'autres hommes, qui presque tous, n'ont à leur tour, pour toute science, qu'un amour-propre ridiculement intrépide; que ce qu'on appelle l'opinion publique, ne doit une sorte d'existence qu'au vague des idées, qui, cachant toutes les difficultés à la multitude, la fait tomber machinalement d'accord sur ce qui lui présente quelqu'apparence de vérité; que cette opinion se perpétuerait avec une étonnante confiance, dans les plus étranges erreurs, si, parfois, des contradicteurs ne venaient la diviser, et si des désastres instructifs, ne la portaient vers d'autres routes, mais que, pour comble de malheur, lorsqu'elle touche au moment d'ouvrir les yeux à la lumière, des agitateurs intéressés à la lui cacher, viennent trop souvent soulever les passions, et la replonger dans les ténèbres. En effet, s'il est un principe incontestable, c'est celui qui reconnait que la vérité ne triomphe que par le secours du temps, et qu'il faut de longues années, pour que la raison et l'impartialité s'élèvent au-dessus des obstacles accumulés par les méprises grossières et les injustices des premiers momens. Peu de grands hommes ont été dignement appréciés avant leur mort, et la médiocrité fut souvent l'idole de tout un siècle. Balzac mourut admiré de ses contemporains, et Racine n'eut que Despréaux pour lui prédire le succès du chef-d'œuvre de la scène française : et parce qu'il arrive ordinairement une époque où les questions, à force d'être ramenées à la discussion et triturées, pour ainsi dire, finissent par s'éclaircir, et par avoir un assentiment général et mérité, on confond deux choses aussi distinctes, l'*opinion, élaborée par les siècles,* et l'*opinion du jour ;* on s'efforce d'attribuer à celle-ci une infaillibilité que l'autre n'a même pas en partage ; on lui donne une existence souvent imaginaire, on dépeint ses fluctuations les plus éphémères comme une force irrésistible, et l'on en fait une puissance permanente dans l'espérance de la dominer.

Oui, me dira-t-on, nous vous en faisons l'aveu, nous avons failli, par une grande présomption, et nos opinions n'avaient pas reçu la sanction de

l'expérience. Mais cette expérience, nous l'avons
acquise; vos craintes, vos avertissemens, eussent
mérité, il y a trente ans, qu'on leur prêtât une
oreille attentive; mais nous connaissons maintenant le danger, et nous nous garderons de nous
y précipiter.

Les évènemens de 1814 m'ont appris le fond
que l'on doit faire sur cette rare prudence; mais
je veux bien toutefois (ce dont je ne suis que
très-faiblement persuadé) que, pour quelques
temps, nous sachions nous contenir dans nos
illusions et dans nos passions; j'accorde, que les
actes de la révolution sont jugés comme ils
doivent l'être, et qu'il n'en est aucun, qui ne porte
son véritable nom; enfin, je ne suis pas loin de
penser qu'aujourd'hui, plus d'une question politique tire à sa fin, et, réduite désormais à sa juste
valeur, ne présente plus les mêmes dangers qu'en
1789; mais comptez-vous pour rien le repos de
vos enfans qui oublieront et vos conseils et vos
malheurs et vos découvertes, et qui ne manque-
ront pas de tourner contre eux-mêmes, les prétextes de désordre, et les armes que vous leur
laissez avec une imprévoyance si cruelle? et,
d'ailleurs, pensez-vous avoir épuisé tous les objets
de discussion qui peuvent enflammer les esprits,
et les entraîner dans des voies de désordre et de
calamités?

Il n'y a pas un siècle que la France était presqu'en feu pour des questions que vous méprisez maintenant comme de vaines subtilités, quoique, sous ce rapport, vous n'ayez aucun reproche à faire à vos bons aïeux. Je le demande, connaissez-vous dans les choses tous les points, toutes les faces sur lesquels l'esprit humain peut porter ses contemplations, et qui peuvent lui fournir d'abondantes discussions et de violens démêlés? Du temps de Démosthènes, ou de César, avait-on l'idée de la grâce efficace, et de la grâce suffisante? Eh bien! vos philosophes ne blâment pas l'autorité, ils la louent, au contraire, d'avoir imposé silence aux partis qui étaient prêts d'en venir aux mains, sur des points de doctrine infiniment au-dessus de notre portée. Croyez-vous que votre scolastique politique n'est pas capable d'engendrer des querelles aussi interminables que celles que vous reprochez à la scolastique théologique, et faudra-t-il que le gouvernement ne mette aucun frein à la liberté de disputer et d'écrire, et qu'il n'admette pour modérateur du genre humain, que la lassitude des guerres civiles?

Vous vous effrayez mal à propos, me dit-on encore; nous sommes, tout aussi bien que vous, ennemis des abus de la presse, mais nous nous en garantirons par de bonnes lois, *immani lege,* dit M. de Châteaubriand, et en punissant rigoureusement les audacieux qui se permettront des délits dans ce genre, car nous reconnaissons que la composition d'un livre peut être tout aussi bien, un délit, que tout autre action des hommes.

C'est-à-dire que vous comptez empêcher par la terreur, ce que vous n'empêchez pas par votre vigilance; car je sais que vous êtes trop instruits en droit public, pour vous figurer que l'homme entend venger la justice, et compenser le mal, en infligeant des peines; vous n'ignorez pas qu'il ne cherche qu'à prévenir de nouveaux délits, et de nouveaux crimes, par les conséquences funestes que leur promettent d'éclatans exemples.

Ainsi, vous avez votre manière de prévenir le mal, et moi j'ai la mienne; et je pense que vous l'adopteriez, si vous voyez une troupe d'assassins prendre ses poignards pour égorger la garde endormie. Si vous et vos amis, vous étiez assez forts pour leur arracher leurs armes, vous ne manqueriez certainement pas de le faire, et vous leur diriez : « c'est en vain que vous réclamez l'exercice entier de vos facultés, et que vous alléguez votre droit de n'écouter, dans vos actions, que votre libre arbitre, quittes ensuite, lorsque vous les aurez commises, à être exposés sur la roue. » Nous savons parfaitement, que lorsqu'une fois les juges, les archers, et les officiciers de justice seraient égorgés, la punition s'évanouirait, et que vous seriez les maîtres ; c'est précisément ce que nous ne voulons pas. Nous ne vous rendrons pas vos armes. Allez, redevenez bons citoyens, et vivez en paix ; peut-être, quelque jour, en réfléchissant sur votre conduite passée, nous aurez-vous une grande obligation, car vos desseins étaient affreux pour le pays, mais ils étaient aussi fort périlleux pour vous-mêmes.

La comparaison est exacte sur tous les points ; non que je prétende que les personnes qui réclament aujourd'hui la liberté de la presse avec tant de persévérance, ayent de sinistres projets, et veulent le malheur de leur patrie : c'est tout le contraire ; mais ils ne voyent pas les hommes qui, derrière eux, les seconderaient volontiers, de tout leur pouvoir, s'ils osaient parler. C'est à ceux-là que mon discours s'adresse ; leurs arsenaux de la Belgique sont tout remplis d'armes, et nous savons l'usage qu'ils savent en faire, dès qu'il se présente un moment propre à favoriser leurs entreprises.

Disons-le de bonne foi, la liberté de la presse, ne doit être illimitée que pour les théories abstraites qui, dans les différentes sciences, traitent des questions générales ; mais si ces théories se rattachent à des circonstances du moment, elles doivent rentrer sous la vigilance du protecteur, et du préservateur suprême, et notre Charte y a pourvu, par la faculté d'user, au besoin, de lois répressives, et par les mesures que le Monarque a toujours droit de prendre, en cas de trouble et de notable préjudice dans la demeure.

J'ai moi-même rendu, à plusieurs reprises, un hommage sincère à la maxime qui dit que la vérité jaillit du choc des opinions; je ne suis donc pas d'avis qu'on retienne les pensées captives, mais il est des bornes à tout : si Ésope fit servir à son maître un dîner tout en langues, parce que l'usage de la langue est la meilleure chose du monde, le lendemain il fit servir les mêmes mêts, par la raison toute contraire. Il faut donc que le Gouvernement royal soit attentif à discerner les occasions du bien et du mal, et je redoute d'autant moins qu'il abuse de son pouvoir pour comprimer nos paroles, sans une très-grande nécessité, que des réclamations et des plaintes sans nombre viendront l'assiéger jour et nuit, dès que notre vaniteuse loquacité éprouvera les moindres retards.

Gardons-nous aussi de croire, que le but des assemblées politiques, dans leurs sollicitudes, pour conserver chez tout un peuple la liberté de tout écrire, soit jamais d'éclaircir les pensées difficultueuses, et de fixer les doctrines. La vraie science marche à pas lents dans la retraite et dans le silence ; elle est sans doute très soigneuse des matériaux qu'elle a recueillis ; mais lorsque l'autorité craint leur explosion, elle met à n'en point faire un usage public beaucoup moins de résistance que n'en mettrait l'ignorance même ; celle-ci, n'ayant jamais su qu'on se trompait souvent, et qu'il existait des dangers, est bien autrement présomptueuse, et ses désirs ont une impétuosité bien plus irascible ; mais cette retraite, ces longues veilles, et ces profondes réflexions, qui font l'apanage du savant, aucune assemblée n'en trouve le modèle dans son enceinte ; elle ne les connaît que par ouï-dire, et s'en met rarement en peine : ce sont moins les lumières qu'elle cherche au dehors, que les encouragemens des flatteurs, si ce n'est même l'appui des auxiliaires. Avertis par les égaremens de nos devanciers, défions-nous des maximes qu'ils ont fait passer jusqu'à nous, et voyons surtout, si elles peuvent avoir quelqu'application dans le régime où nous vivons.

En effet, quelles sont les fonctions des deux Chambres ? Ces fonctions ne sont autres que de connaître les besoins des peuples, et d'y porter remède par les lois que l'autorité soumet à leurs délibérations ; mais, de bonne foi, est-ce une vague et ambitieuse opinion ; est-ce la liberté de la presse qui nous instruit de ces besoins ? Des traités scientifiques , des systêmes péniblement enfantés , ou les productions plus légères que les marchands de nouveautés étalent avec profusion pour piquer la curiosité du lecteur, les romans, les diatribes , les pamphlets, nous apprendront-ils mieux que nous ne le savons nous-mêmes la situation du cultivateur et du simple journalier dans nos diverses propriétés, ou celle des manufactures de la ville ou du département qui nous a choisis pour Députés ? Si nous avons besoin de renseignemens positifs, que n'écrivons-nous sur les lieux pour qu'on nous envoie des Mémoires relatifs aux différens objets que nous avons à traiter dans le cours de nos sessions ? Et les simples citoyens, comment craindraient-ils de ne pas être entendus dans leurs réclamations ?, non-seulement, ils peuvent les envoyer directement aux ministres, mais encore à ceux des Députés ou des Pairs qu'ils croyent le plus enclins à embrasser leurs intérêts ; et, ce qui est bien plus fort, le droit de pétition, s'ils en veulent faire usage, leur assure que, tout entières, les deux plus puissantes assemblées de la France prendront connaissance de leurs griefs et de leurs demandes pour les faire valoir, s'il y a lieu, par de solennelles recommandations. Sous un régime

aussi paternel, quel est donc ce prétendu besoin,
ou plutôt ce désir immodéré de paroles, au milieu des places publiques, et quelles sont ces traditions révolutionnaires que l'on adopte sans
s'apercevoir qu'elles ne doivent leur naissance
qu'au désir d'assembler des partis sous les mêmes
couleurs, de leur former un esprit commun,
de leur prescrire, et non pas de consulter leurs
pensées et leurs opinions, et d'en faire les instrumens aveugles de son ambition, et les bruyans
échos de sa renommée. Je le dis hautement, et
je le proclame de toutes mes forces; plus on ap-
profondira ces grandes questions de la liberté de
la presse, plus on reconnaîtra que ce n'est jamais
pour le progrès des connaissances humaines qu'on
l'invoque le plus instamment; que c'est pour répandre avec profusion des écrits de circonstance;
que ces écrits n'ont jamais rien produit de
stable ni de sagement raisonné, qu'ils n'ont que
bien rarement en vue le bonheur des hommes,
qu'ils n'éclairent pas, mais qu'ils ameutent.

Mais, dira-t-on encore, si la presse n'est pas
libre, ne peut-il pas arriver qu'on soit attaqué
sans pouvoir se défendre? Vous-même, ne récla-
meriez-vous pas la faculté de répondre à celui qui
répandrait des calomnies sur votre compte, et
qui vous noircirait dans l'esprit public?

Je ne vois pas, répliquerai-je, que, pour me justifier, il faille établir une lutte où je sois réduit à combattre seul de ma personne, et à ne faire usage que de mes armes personnelles que j'employerais peut-être fort mal et de manière à blesser mes voisins, fort étrangers à l'affaire. La sagesse des lois est venue à mon secours; elle me donne de puissans auxillaires; je trouve un barreau tout entier pour me défendre, et des juges pour me rendre justice.

Mais, poursuivra-t-on, si, par hasard, vous aviez et les avocats et les juges et le Gouvernement contre vous, il faudrait donc essuyer l'injustice, sans jamais avoir ni les moyens ni l'espoir d'en triompher?

Je ne sais pas répondre à une objection qui fait la supposition d'une ligue toute entière contre moi. Je sais qu'ici-bas, jusqu'à la consommation des siècles, il se commettra beaucoup d'injustices; qu'il s'en commettra moins sous un Gouvernement régulier que dans l'état de nature, et qu'il ne faut point appeler l'anarchie au secours, parce que, dans l'état de société, on a de justes plaintes à former; il est malheureusement trop avéré que, de quelque côté qu'on porte les yeux, de grands sacrifices sont imposés à l'homme; la nécessité est une loi qu'on ne peut enfreindre;

et notre bonhenr ne consistera jamais qu'à rendre notre condition la moins mauvaise possible.

Ce n'est point une vaine supposition, m'objectera-t-on encore, que cette action combinée des autorités contre les hommes les plus respectables par leur caractère et par les fonctions dont ils sont revêtus.

Ne voyons-nous pas tous les jours des feuilles périodiques se permettre, sur les Députés et les Pairs, des inductions, des sarcasmes et des censures outrageantes, et blâmer avec audace l'esprit et les opinions qui prévalent dans leurs chambres ; n'est-il pas évident que le ministère se prête à ces attaques, qu'il les favorise même, puisqu'il n'aurait qu'à dire un seul mot pour y mettre fin ?

Depuis quelque temps, il me semble apercevoir en général une amélioration dans le style des journanx, et, s'il en est ainsi, je ne doute pas que le ministère n'ait porté quelqu'attention à un mal qui, je l'avoue, prenait à mes yeux des accroissemens blâmables. C'est, au surplus, dans le sein de l'assemblée dont j'ai l'honneur d'être membre, que je m'expliquerai à cet égard, si ce mal me semble exiger qu'on s'explique ; car il ne faut pas oublier que les abus dont on se plaint ne pourront jamais être portés à de grands excès, puisque les Ministres éviteront toujours ce qui donnerait

lieu à des plaintes trop vives de la part d'assemblées si puissantes. En attendant, l'idée de
M. de Châteaubriand pour la création d'un journal
officiellement consacré aux séances des deux corps
législatifs, me paraît mériter attention ; cependant,
à moins que les discours qui y seraient rapportés
n'eussent été imprimés par ordre des Chambres,
je ne vois pas que, parce qu'ils émaneraient d'un
Pair ou d'un Député, l'autorité n'eût pas le droit
d'en retrancher ce qui lui paraîtrait dangereux. Si
cependant ce Pair ou ce Député réclamait pour
rétablir les passages supprimés, et s'il alléguait
qu'il faut que la France connaisse tout ce qu'on dit
pour ses intérêts, la ressource, ce me semble,
devrait lui rester, de s'adresser à la Chambre et
d'en obtenir, si elle le jugeait à propos, une autorisation pour faire réintégrer son discours dans
sa totalité, à moins qu'un ordre formel du Roi
ne vînt le défendre expressément ; mais il est bien
entendu qu'alors les Ministres auraient le droit
d'enjoindre à leurs journaux de réfuter, sans toutefois se permettre aucune personnalité, les assertions et les principes que ce membre de l'une ou
de l'autre Chambre aurait avancés, et soutenus
avec tant de persévérance ; et remarquez que je
n'établirais aucune réciprocité de la part du journal des Chambres, et qu'il n'aurait pas droit de répondre à ceux du gouvernement, car il faut que

les discussions se terminent, et que le dernier mot reste du côté du Souverain et des personnes qui, consultant de plus près ses intentions et ses volontés, sont en même temps chargées de les faire exécuter.

Il est évident, par cela seul, que, quel que soit mon avis particulier sur les opérations du ministère actuel, je ne puis le blâmer d'établir en principe et même beaucoup plus hautement qu'il ne fait, qu'il a le droit de diriger l'esprit public et de l'éclairer sur toutes les opinions dans quelque lieu qu'elles se trouvent. Ce principe est de tous les temps et de toutes les circonstances. Nous autres membres des Chambres législatives, nous avons le droit, et il est de devoir pour nous de parler avec franchise et liberté dans l'enceinte où nous siégeons, d'y réclamer le redressement des injustices, et d'y exprimer nos alarmes pour le Monarque et pour le bonheur de la France ; c'est de là seulement que notre voix doit être entendue ; mais, hors de ces murs, nous ne sommes plus que des particuliers n'ayant de plus que les autres qu'une grande considération dans la société, et il ne nous appartient pas de nous ingérer dans des soins que le Prince ne nous a pas confiés.

Et que M. de Châteaubriand veuille bien maintenant suivre, de conséquence en conséquence., le fil de ces idées, il verra qu'il ne peut se dispenser de proclamer encore plus fortement que je ne le fais, le principe que c'est au ministère de diriger l'opinion publique, et de ne pas cesser un seul moment de le faire. En effet, il ne veut certainement pas qu'on abandonne la façon de penser que l'on croit raisonnable et bonne : il rejeterait comme un usage indigne de la droiture française, que lorsque les ministres sont changés, parce que la majorité s'est déclarée d'une opinion contraire à la leur, cette majorité fît ensuite au nouveau ministère, ainsi que cela se pratique chez les Anglais, le sacrifice de sa manière de voir, et revînt voter aveuglément dans le sens qu'elle avait improuvé. Cette majorité serait d'autant plus coupable de suivre une pareille marche, *qu'elle ne serait pas maîtresse de son opinion, qui*, suivant M. de Châteaubriand, *ne peut être différente de l'opinion publique* ; c'était le point où je voulais le conduire. Il s'ensuit que, si le ministère ne s'empare de cette opinion régulatrice et souveraine qui fait la loi définitive, il ne pourra jamais recouvrer la majorité s'il l'a perdue, et que ses successeurs ne le pourront pas davantage s'ils poursuivent des plans qui, après tout, peuvent être indispensables pour le salut de l'état ; et dès lors qui ne sent qu'il faudra que les partis descendent au milieu du peuple , et qu'on se résolve à vivre au hasard dans les tourmentes de la démocratie. J'avais promis de faire arriver mes lecteurs à cette conclusion, et je crois avoir tenu parole.

Je n'ai plus qu'un mot à répondre à ceux qui , sans aucun discernement , citent toujours l'exemple de l'Angleterre , et s'en prévalent comme d'une autorisation sans réplique pour introduire des usages anarchiques dans notre régime constitutionnel. (Je prie certains journaux qui sont dans cette manière de voir , et qui voudraient établir la liberté illimitée de la presse, de remarquer que, malgré leur ponctualité pour la stricte observation de la Charte, c'est encore une extension contre son texte formel qui fait l'objet de leur désir.) En Angleterre , les sectes et les corporations sont en si grand nombre , qu'il n'existe pas dans ce pays , comme en France , une masse effrayante de public prête à obéir à toutes les impulsions qu'on lui donne : le danger de la liberté, de la licence même de la presse , ne peut donc pas s'y comparer avec celui qu'elle présenterait chez nous ; et je conviens que, par un concours particulier de circonstances , les inconvéniens de cette liberté chez les Anglais ne sont pas d'une aussi grande évidence qu'ils le seraient chez d'autres peuples : le plus marqué de ces inconvéniens paraît être dans ce moment l'inurbanité dont les mœurs de nos voisins se ressentent, et qui se manifesterait bien autrement sans les lois étranges qu'on observe chez eux avec la dernière sévérité contre la calomnie, ou plutôt même contre la médisance, quelque légère qu'elle puisse être. De la manière dont, parmi nous, on entend que la presse doit être libre, je ne fais aucun doute que, sous l'amas confus des insinuations, des imputations, des récriminations, etc., etc, dont les feuilles publiques retentiraient, et dont tous les murs seraient placardés, on ne pourrait bientôt plus distinguer en France l'homme de cœur du lâche, le citoyen religieux de l'hypocrite, le père de famille réglé dans ses mœurs du libertin précautionné, l'honnête homme du fripon, etc. Tout serait également vil et méprisable, et l'insensibilité pour l'honneur et pour la bonne réputation viendrait mettre le comble à nos maux.

Je le répète, grâce à ses lois répressives, l'Angleterre n'est pas arrivée à ce comble d'infamie; mais que son inurbanité, soit exagérée dans les tableaux que par suite de nos anciens démêlés avec elle, nous aimons à en retracer, ou que ces peintures soient exactes, il n'importe; c'est sous

le point de vue politique que j'examine la question ; nous trouverions la mort où l'Angleterre
n'est que troublée ; et, pour trancher d'un seul
mot toutes les difficultés, il est une observation
préalable que j'ai déjà faite avant tout, et qu'il ne
faut jamais perdre de vue. Un pays qui, avant la
révolution française, n'avait pas trente ans de
suite à nous citer sans bouleversemens ou sans
commotions civiles, ne doit point nous servir
d'exemple, et si nous avons quelque chose à
prendre de lui, c'est l'unité, qu'avec un peu de
pénétration on découvre dans son gouvernement;
c'est la force du pouvoir qui fait tout marcher
dans une même direction, et ce ne sont pas les
maximes et les coutumes qui nous conduiraient
infailliblement, et sous très-peu de temps, à la
désorganisation du corps social et à notre entière destruction.

M. de Châteaubriand, fidèle à son amour
pour tous les sentimens des ames éleyées, et
livré tout entier au désir d'arriver au bien en
passant par dessus tous les obstacles, non-seulement ne veut pas que la presse soit sous l'inspection du ministère de la police, mais ce ministère, suivant lui, ne saurait être assez promptement supprimé. Je ne vois cependant, dans
ses raisonnemens, d'autres conclusions à tirer,
que la nécessité de pourvoir aux dépenses de la

Police, si ses moyens pécuniaires sont illicites, de renvoyer le Ministre s'il est infidèle, et de réformer les employés s'ils font mal leur devoir. Mais, c'est se laisser emporter hors de soi-même, c'est arriver à des solutions qu'on ne peut regarder comme sérieuses, que de prétendre que, dans notre situation présente, la police est inutile et qu'il faut s'en passer. Il est vrai que M. de Châteaubriand ne parle pas de supprimer toute police, et qu'il consent à en laisser une isolément entre les mains de chaque tribunal et de chaque procureur du Roi ; mais, n'a-t-il pas vu qu'il n'y aurait plus d'ensemble dans la vigilance et dans la poursuite des crimes, et que, dans des temps de conspirations, il faut pouvoir au besoin tout surprendre et tout arrêter à la fois. On cherchera vainement à fermer les yeux aux vérités pénibles ; il sera toujours certain, que plus la nature du Gouvernement prêtera aux dissensions et aux troubles, plus il faudra, pour prévenir les malheurs publics, une police active et marchant avec unité. Moins un gouvernement a de force, plus il tend à la division, plus il a besoin de connaître pour arrêter le mal dans sa source : beau sujet de méditation pour ces sectateurs de liberté, qui ne veulent en France que des institutions faibles, et des interprétations anarchiques de la Charte.

En un mot, M. de Châteaubriand ne peut ignorer que les gens de bien dans tous les temps, et particulièrement dans le nôtre, sont toujours en guerre avec les méchans, et que le Prince est le chef qui doit les diriger. Or, que dirait-on d'un général qui serait tenu de laisser parler jusqu'au bout, et sans les troubler, les émissaires et les embaucheurs soldés par l'ennemi, et qui serait privé des moyens de donner aucune direction à ses éclaireurs? On dirait, sans doute, que cette armée ne serait pas un jour sans se disperser, et que le général périrait infailliblement : voilà les conséquences d'un système adopté dans l'irréflexion de la jeunesse, et poursuivi en haine du despotisme de Buonaparte et de la tyrannie révolutionnaire où l'on retourne par le plus court chemin, sans y prendre garde.

Pour me résumer, et pour rassembler dans un seul paragraphe les conséquences qu'à la fin des principales questions j'ai tirées contre la doctrine de M. de Châteaubriand, nous remarquons d'abord que l'*impassibilité*, ou, plus exactement, l'*inaction* du Monarque est absolument incompatible avec l'intérêt qu'il doit porter au bonheur de ses peuples ; puis, sans nous appesantir sur une idée trop affligeante, puisqu'elle tendrait à diminuer notre profonde vénération pour la royauté, nous voyons, suivant la même doctrine, que le point essentiel, et dont il ne faut jamais se départir dans tout gouvernement constitutionnel, est que la majorité dans les Chambres soit en faveur des Ministres (et rien , en effet , n'est plus désirable); mais le système de M. de Châteaubriand ne laisse aucun espoir pour qu'en France cette majorité persiste long-temps dans les mêmes sentimens, puisque l'ambition , naturelle aux assemblées , ne trouvera , d'après lui , que des principes capables de l'exalter au plus haut degré , en lui donnant des espérances sans bornes ; et dès que cette même majorité sera perdue , on n'aura plus de moyen de la ramener dans le sens des Ministres tant qu'ils resteront en place, ou que leurs successeurs persisteront dans les mêmes plans. C'est ce que nous avons prouvé dans plusieurs endroits par le caractère d'une majorité française qui, sans avoir le même ensemble dans ses votes , que la majorité des Chambres en Angleterre, est pourtant beaucoup plus inflexible qu'elle dans tout ce qui peut contrarier ses illusions. Nous l'avons prouvé encore par l'impossibilité que ces illusions et que les diverses maladies politiques qui régneront dans cette majorité, ne s'étendent pas au-delà des Chambres , et que les Electeurs n'en soient pas travaillés comme tout le reste de la Nation , ce qui,

le plus souvent, ôtera tout espoir de rassembler des hommes plus concilians, et plus favorables au ministère.

Les nouveaux Ministres (et c'est la conclusion où je suis arrivé il y a peu d'instans,
et que je n'ai jamais perdu de vue parce qu'elle
est péremptoire à mes yeux contre le système
de M. de Châteaubriand), les nouveaux Ministres, dis-je, si les anciens cèdent à l'orage,
seront donc obligés de renoncer aux opérations et aux vues de leurs prédécesseurs,
quand bien même le sort de la couronne et
le bonheur du peuple y seraient attachés. Il
faudra qu'il s'enchaînent aux volontés des
Chambres. Or, ces Chambres seront placées
dans l'alternative suivante : dès que l'opinion
doit être leur première loi, il faudra qu'elles
la forment, et que, pour y parvenir, elles
prennent en main la direction des affaires publiques et qu'elles gouvernent, en un mot,
comme l'ont fait les assemblées de la révolution, ou bien il faudra qu'elles se résolvent à
modeler tous leurs décrets sur ce que cette
opinion viendra leur dicter ; et qu'on ne s'y
trompe pas ; c'est ce dernier résultat où mènent
invinciblement les principes dont M. de Châteaubriand ne s'est pas assez défié ; car (je l'ai
déjà rendu manifeste), l'opinion une fois pro-

clamée souveraine , le journaliste, l'orateur des
clubs , les saltimbanques des carrefours , dès
qu'il est de règle qu'ils ont la liberté de tout
dire et de tout publier, ont sur elle une influence bien plus directe et bien plus grande
que les Députés du royaume et les Pairs de
France. C'est dans les places et dans les jardins
publics qu'il faut aller dresser les tribunes des
assemblées législatives ; voilà désormais le siége
du Gouvernement , ou plutôt le théâtre des
combats ; et les fureurs des premiers jours de
la révolution revenues , par les mêmes voies
qui les avaient produites , vont replonger encore
une fois notre malheureuse patrie dans les désastres d'horrible mémoire , qu'attestent les
mânes de nos amis , de nos pères , de nos
Rois égorgés à la face de l'univers , mais que la
postérité , malgré les témoignages qui lui par-
viendront de toutes parts , rejetera peut-être
comme une indigne calomnie contre la nature
humaine.

Je sais , qu'à une noble aversion pour la bassesse et l'esclavage , M. le vicomte de Châteaubriand réunit une trop juste prévention contre
l'immoralité et la corruption de son siècle.
Moi-même je la partage à un haut dégré , j'ai
vu , avec la même douleur que la sienne , pendant la première restauration , régner au milieu

du Peuple français la plus profonde insensibilité pour le malheur, l'irrévérence la plus
grossière pour la vieillesse, le mépris le plus
outré pour la vertu et pour la fidélité, l'apathie
la plus stupide pour cette religion sainte qui
fait notre consolation dans l'infortune, et qui,
seule, nous donne la force d'accomplir tous
nos devoirs. J'ai vu l'avarice la plus imprévoyante
la plus inhumaine toujours prête à sacrifier
des générations entières, pourvu que le trésor
public ne se charge jamais de la réparation des
injustices; le dédain le plus inepte envers ses
ennemis, et le plus propre à leur inspirer le
désir de prouver tout ce qu'ils peuvent être,
lorsqu'on les offense; l'orgueil le plus humilié
du rang qu'il occupe, quel qu'il soit, et le plus
impatient de détruire ce qu'il ne peut atteindre,
et la présomption la plus étendue dans tous les
genres, et quelquefois la plus voisine d'une
honteuse ignorance. Enfin, j'ai vu plus d'un
Ministre suspect dans sa fidélité, endormi dans
sa surveillance, laissant l'esprit public errer à
l'abandon, et très-certainement peu versé dans
la science de la puissance royale, puique les
personnes les plus attachées à la légitimité ont
fait à cet égard des progrès si peu sensibles.
C'est dans ces tristes pensées que j'étais plongé,
lorsque le second retour de la famille royale

est venu sauver encore une fois la France de sa
perte totale. Long-temps, je l'avoue, j'ai con-
servé mes alarmes ; cependant, soit que les
auteurs du mal, forcés de quitter le pays qu'ils
avaient si long-temps perverti, aient perdu une
partie de leur première influence ; soit, plutôt,
qu'il y ait dans le cœur de l'homme moins de
dépravation que je me le figurais, d'après tant
d'évènemens désastreux, et qu'il soit vrai de
dire que nos plus grands égaremens se réduisent
le plus souvent à des fautes de faiblesse, de précipitation et d'effervescence, j'ai cru voir le plus
grand nombre de mes compatriotes tourner
leurs regards vers de meilleurs principes, et revenir à de plus nobles sentimens. La transition,
pour les adopter entièrement, est peut-être ce
qui coûte le plus à leur amour-propre. Est-il
donc si pénible de nous avouer à nous-mêmes
que nous nous sommes trompés, lorsque nous
sentons cependant que, même au milieu des plus
effroyables tempêtes que les passions puissent
soulever, l'amour du bien a toujours vécu dans
le fond de notre ame ? Si le ministère a bien au-
guré des Français, ce n'est pas à moi à m'en
plaindre, et j'ai tout lieu de penser qu'un devoir bien doux pour moi sera d'avouer à mon
tour que ces Français, je ne les connaissais pas
comme les Ministres les connaissent, et que

mes reproches allaient jusqu'à l'injustice. S'il en était autrement, le temps qui s'écoule tous les jours, et qui apporte avec lui de bons conseils et des réflexions salutaires, me donnerait encore un grand espoir d'amélioration, et les Ministres, n'eussent-ils aucun autre titre à la reconnaissance publique, me paraîtraient dignes d'éloges, pour une année presqu'entière que nous venons de passer avec un calme assez peu interrompu, et sans commotions trop violentes. Mais, quand mon espoir serait vain, quand les Ministres ne s'occuperaient que d'intérêts étrangers à la royauté, je ne les renverserais pas par des voies irrégulières à mes yeux; mes principes ne peuvent changer, mais je parlerais dans l'Assemblée dont je suis membre, avec la franchise et la loyauté d'un Pair de France, et mes alarmes et mes plaintes, qui parviendraient jusqu'au trône, auraient, je n'en doute pas, si elles étaient fondées, le résultat que tout homme de bien peut attendre.

Que tant d'écrivains, qui furent jadis attachés aux idées de la révolution, et qui désapprouvent aujourd'hui le livre de M. de Châteaubriand, en s'effrayant de ses conséquences, reviennent donc sans détour et sans réticence au dogme inaltérable de la souveraineté définitive dans la personne du Monarque : qu'ils reconnaissent qué ce livre, qu'ils blâment parce qu'ils croient y découvrir le germe d'évènemens qu'ils redoutent, est l'*exacte traduction de leurs secrètes maximes*, et que les miennes sont les seules qui puissent faire subsister et dominer éternellement cette Charte, dont, malgré de vaines allégations, je suis le texte de la manière la plus rigoureuse ; et qu'ils avouent, enfin, ou que, pour la faire régner sur nous avec assurance, il faut admettre mes principes, et qu'ils se trompaient en se flattant de la soutenir par d'absurdes rivalités de pouvoirs ; ou que, depuis long-temps, ils en connaissaient les endroits vulnérables ; que rien de ce qu'ils en ont dit n'était sincère, et qu'ils n'en voulaient que pour puiser en elle-même les moyens de la détruire.

FIN.

TABLE

DES MATIÈRES.

FIN DE LA TABLE DES MATIÈRES.

www.ingramcontent.com/pod-product-compliance
Lightning Source LLC
LaVergne TN
LVHW050402060726
842524LV00002B/446